青春期的必修课
——男孩女孩性教育手边书

李雨朦 著

献给当年不知所措的我，
和如今求知若渴的你

中国人口出版社
China Population Publishing House
全国百佳出版单位

图书在版编目（CIP）数据

青春期的必修课：男孩女孩性教育手边书 / 李雨朦著 . —— 北京：中国人口出版社，2024.12
ISBN 978-7-5101-9164-0

Ⅰ.①青… Ⅱ.①李… Ⅲ.①青少年教育 - 性教育 Ⅳ.① G479

中国国家版本馆 CIP 数据核字 (2023) 第 024266 号

青春期的必修课——男孩女孩性教育手边书
QINGCHUNQI DE BIXIUKE——NANHAI NÜHAI XINGJIAOYU SHOUBIANSHU

李雨朦 著

责任编辑	江 舒
责任设计	侯 铮
责任印制	王艳如 任伟英
出版发行	中国人口出版社
印　　刷	天津中印联印务有限公司
开　　本	880 毫米 ×1230 毫米 1/32
印　　张	9
字　　数	210 千字
版　　次	2024 年 12 月第 1 版
印　　次	2024 年 12 月第 1 次印刷
书　　号	ISBN 978-7-5101-9164-0
定　　价	49.80 元

电 子 信 箱　rkcbs@126.com
总编室电话　（010）83519392　　发行部电话　（010）83557247
办公室电话　（010）83519400　　网销部电话　（010）83530809
传　　　真　（010）83519400
地　　　址　北京市海淀区交大东路甲 36 号
邮　　　编　100044

版权所有·侵权必究
如有印装问题，请与本社发行部联系调换（电话:15811070262）

序言：写给读者的一封信

见信如晤。

这是我写给你的第一封信，所以请容许我先向你做个自我介绍。我曾经和你一样是个少年，现在也时常会回味作为少年时的一些天真。不同的是，当年的我面对"性"不知所措，而如今的我，希望能够通过这本书回应你的求知若渴。

你即将走进或者已经走进的这个时期，叫作青春期。这将

是你成长中的一个重要时期,也将会是一段难忘的记忆。

你的身体可能会发生很多变化:身高增长、体重增加、身材变得丰满或强壮、生长出阴毛和腋毛、生殖器官发育、喉结突出……这些都是你能够看到的变化。

还有一些你看不到的变化,比如心脏供血增多、肺活量增加、运动能力提高、大脑功能增强、性激素分泌增多……没错,

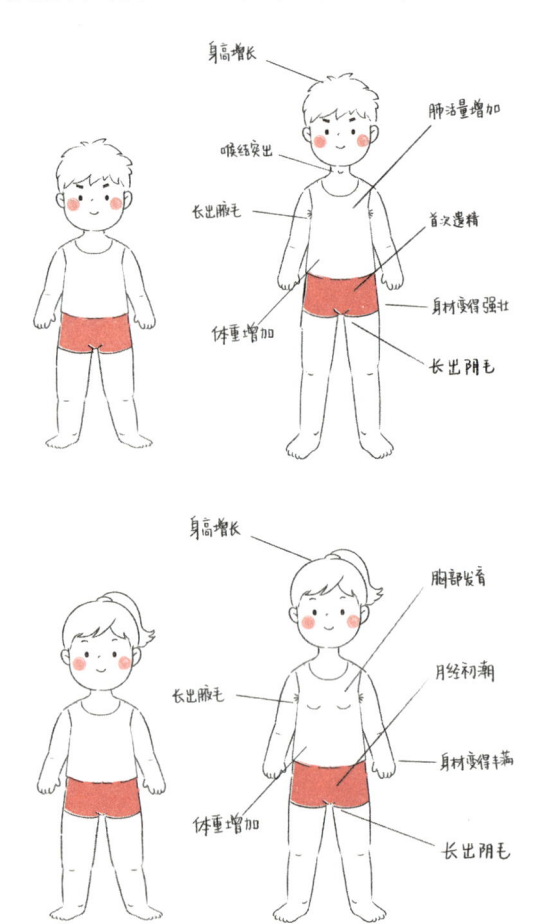

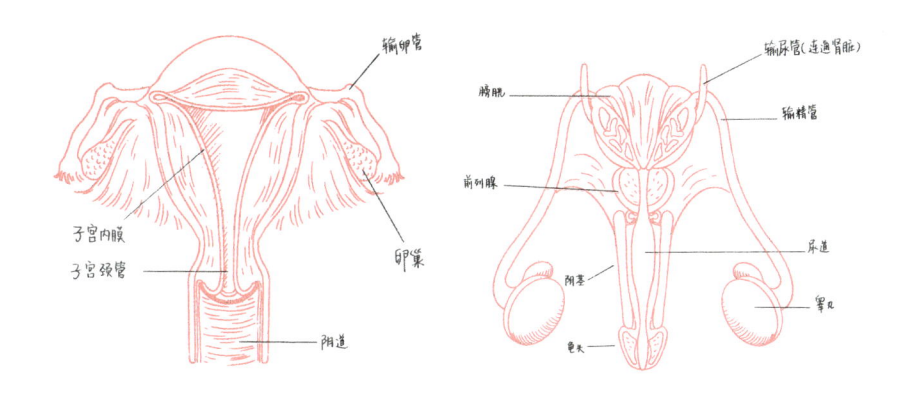

这就是为什么你会出现月经初潮／首次遗精，并且生殖器官迅速发育！

你可能会为自己步入青春期感到欣喜，这很棒！但你也可能会因为这些变化而不知所措，或者被突如其来的青春痘、体毛、腋臭等困扰。没关系的，不要怕，在这本书中，我们会一起探索应对这些变化的方式。

除了身体上的变化，你可能还会感到自己越来越渴望得到他人的关注，希望交到更多的朋友，又或者萌生出了对爱情的憧憬。你也可能会发现自己和父母越来越难以沟通，觉得他们不理解自己。这些同样也是青春期的正常变化。因此，性教育不能仅仅局限在青春期生理卫生课。"性"是个很宽泛的概念，人从出生到死亡都与性相伴。全面的性教育应该包含性的认知、情感以及社会层面的信息。本书的内容框架参考了全面性教育的八个核心概念：关系，价值观、权利、文化与性，理解社会性别，暴力与安全保障，健康与福祉技能，人体与发育，性与性行为，性与生殖健康，并将其与我国教育部对中学生性教育的指导框架相结合，与契合我国国情与文化的真实生活场景相融合，力求做到科学、全面、生动、易懂。

最后的最后，我想和你说，也许这本书没有办法解答你对青春期的全部困惑，但我真诚地希望它可以在你的成长过程中烙下一些印记。在你长大成人后的某一天也许还会想起，曾经有这样一个人，将她儿时的无数个"不知所措"记录在了一本书里，送给了那一年求知若渴的你。

谨以此书，献给当年不知所措的我和如今求知若渴的你。愿今后的每一天都能够如你所愿！

即将成为你最喜欢的大朋友（之一）的

李雨朦

2024 年 12 月

Contents 目录

第1章 天啊，我这个身体怎么了

一、男孩女孩都有的变化

① 毛毛啊，长毛毛啦
——对体毛的科学认知 / 2

② 疯狂爆痘，没脸见人了
——痤疮的成因与应对方法 / 7

③ 有人疯狂长高，我为什么还不长
——青春期身体发育的差异性 / 12

④ 我为什么越来越壮，越来越胖
——对体重与减肥的科学认知 / 17

⑤ 梦里和他很亲密，我是不是变坏了
——对性梦的科学认知 / 23

二、女孩身体的变化

1. 我的胸比其他人的大好多，太羞耻了
   ——乳房发育与乳房保健 / 28
2. 勒得喘不过气来了
   ——如何挑选合适的胸罩 / 34
3. 这么多血，我是不是得了什么绝症
   ——对月经的科学认知与卫生巾的使用知识 / 39
4. 琳琅满目的卫生巾，我选哪个
   ——经期卫生用品的选择和保存 / 45
5. 今天真是痛到不想做女生的一天啊
   ——痛经的诱因与缓解方法 / 51
6. 内裤上出现的白色黏液是什么
   ——对白带的科学认知 / 57
7. 少女居然也得了妇科病
   ——对妇科疾病的科学认知 / 62

三、男孩身体的变化

1. 胡子，让我欢喜让我忧
   ——科学认知男孩青春期的第二性征 / 69
2. 脖子上长了硬疙瘩
   ——对喉结的科学认知 / 74

❸ 变成"公鸭嗓"

　　——男生变声期的应对方式　　　　　　　　/ 78

❹ 身体的卫生死角,我却不知道

　　——阴茎的清洁与护理　　　　　　　　　　/ 83

❺ 丁丁长歪了

　　——对阴茎发育和外形的科学认知　　　　　/ 87

❻ 我这是又开始尿床了吗

　　——对遗精的科学认知　　　　　　　　　　/ 91

❼ "小帐篷"支起来了

　　——对阴茎勃起的科学认知　　　　　　　　/ 96

第 2 章　是时候来聊聊"性"了

❶ 有件事让我快乐又负罪

　　——对自慰的科学认知　　　　　　　　　　/ 102

❷ 月经迟迟不来,是不是怀孕了

　　——对怀孕与避孕的科学认知　　　　　　　/ 108

❸ 只要相爱,做什么都可以吗

　　——对性行为的认知　　　　　　　　　　　/ 113

❹ "半推半就"就是默许吗

　　——对性同意的科学认知　　　　　　　　　/ 119

❺ 人流，真的无痛无伤害吗

　　——对人工流产的科学认知　　　　　　　　　　／ 125

❻ 去温泉、泳池、公共厕所，会感染性病吗

　　——性传播疾病的主要传播途径与预防　　　　／ 131

❼ 和艾滋病人共处一室，我会被感染吗

　　——艾滋病病毒的主要传播途径与阻断措施　　／ 136

第 3 章　虚拟的世界，真实的危险

❶ 霸道总裁和甜宠爱情我能找到吗

　　——大众媒体对爱情观的影响　　　　　　　　／ 144

❷ 打游戏真的停不下来

　　——为什么游戏会让我们上瘾　　　　　　　　／ 149

❸ 控制不住自己的手

　　——如何看待网络色情　　　　　　　　　　　／ 155

❹ 不止是聊天而已

　　——警惕网络交友中的性侵害风险　　　　　　／ 160

第4章 学会保护自己

❶ 你怎么不喊、不反抗
　　——真实世界的性暴力　　　　　　　　　　／168

❷ 喝醉了,睡着了,事后谁也不知道
　　——对约会强奸的认知与防范　　　　　　　／174

❸ 当性侵已成事实,该怎么办
　　——遭遇性侵后的求助与自助　　　　　　　／179

❹ 不好的事发生了,我一遍遍地想
　　——对创伤后应激障碍的科学认知　　　　　／186

❺ 跟他在一起越久越看不起自己
　　——PUA 的识别与科学应对　　　　　　　　／192

❻ 总有人骂我,还把我关在厕所里
　　——校园欺凌的产生原因与应对机制　　　　／199

❼ 放学路上有人朝我暴露身体
　　——遇到露阴癖该如何应对　　　　　　　　／205

❽ 地铁上遇到"咸猪手"
　　——如何应对公共场所的性骚扰　　　　　　／210

❾ 老师总在上课的时候摸我
　　——性骚扰的识别与应对　　　　　　　　　／215

❿ 就一口不会有事
　　——拒绝烟酒毒品和消极的同伴影响　　　　／222

第5章 做人越来越难

① 男生和女生之间,有没有纯友谊
　　——正确认知友情与爱情　　　　　　　　　　　/ 230

② 爱你在心口难开
　　——对单恋的科学认知　　　　　　　　　　　　/ 236

③ 再也没有一个人会像他一样爱我
　　——如何走出失恋的阴影　　　　　　　　　　　/ 243

④ 被喜欢的人拒绝了
　　——表白被拒绝该如何应对　　　　　　　　　　/ 249

⑤ 追我的人我不喜欢
　　——如何在不伤害对方的情况下拒绝他人表白　　/ 254

⑥ 完了,我会不会爱上了老师
　　——正确认知"师生恋"　　　　　　　　　　　　/ 260

⑦ 和最好的朋友差点绝交
　　——对多元价值观的认知　　　　　　　　　　　/ 266

⑧ 男女平等到底要怎么平等
　　——对性别平等的理解　　　　　　　　　　　　/ 272

第1章

天啊，
我这个身体怎么了

一、男孩女孩都有的变化

1. 毛毛啊，长毛毛啦

——对体毛的科学认知

▶ 场景再现

最近几天洗澡的时候，小叶注意到自己的阴阜和腋下看上去比周围的皮肤颜色深了一些，仔细看还能看到黑色的毛毛。小叶没太在意，以为只是普通的汗毛，没想到过了几周，这些黑色的毛毛竟然越来越长，还渐渐浓密了起来。这可如何是好啊！

小叶一扭脸，看到了爸爸放在架子上的剃须刀。要不要把这些黑色的毛毛剃掉呢？可是，我也不会用这个剃须刀啊……

小叶纠结了半天，决定去向爸爸求助。

▶ 科学认知

进入青春期，不仅是生殖器官快速发育，一些与性有关的外部特征也会逐渐表现出来，这就是第二性征。

女生的第二性征主要体现在乳房、体毛等的变化上。乳房开始发育后，腋下、阴阜及四肢的体毛陆续出现。

男性在进入青春期后，腋下和阴阜也会长出体毛，身体其他部位的汗毛也会变多、变粗。

体毛与体内激素有关，体毛的多少由基因决定。其中，阴毛是阴阜周围长出的柔软的体毛，阴毛分布的形状、颜色、粗细、卷曲程度也是由基因决定的，每个人都有所不同。腋毛则是腋下生长出的体毛，其形态同样因人而异。体毛可以吸附细菌以及皮脂腺分泌物，对皮肤有保护作用。因此大家要养成良好的卫生习惯，保持体毛的清洁。

另外，对体毛的审美在很大程度上会受到社会文化等多方面因素的影响。有的人觉得没有体毛更美观，有的人则觉得保留体毛是一种健康美。因此建议大家一定要形成自己的审美标准，不要人云亦云。自信的你最美！

▶ **常见误解**

1. 剃除体毛有益身体健康？不！ 要不要剃除体毛，可以结合自身情况决定。体毛具有吸附细菌、皮脂腺分泌物等功能，进而起到保护皮肤的作用，但过多的体毛也容易滋生细菌，增加患炎症和其他疾病的概率。也有部分女生会觉得体毛影响美观，这都是可以理解的。但一定要记得，不管出于什么原因决定剃除体毛，都一定要先去专业医疗机构进行咨询，并选择适合自己的、安全的方式。

2. "拔毛"比"刮毛"更好？不！ 使用脱毛蜡纸等"撕拉"方式脱毛看似脱得更干净，实则不仅脱毛的时候很疼，还非常容易损害毛囊，严重的甚至可能引发炎症。所以不能简单地说"拔毛"更好。

3. 体毛会越刮越多，越刮越粗？不！ 体毛的生长主要受内部血液供应、血液中的营养物质、激素、遗传等的影响。严格来讲，体毛由角蛋白质鳞屑层层堆叠而成。你可以把它想象成你的指甲。所以在刮毛时只要没刮破皮肤就完全不会感到疼痛。频繁修剪体毛并不会影响毛囊的营养消耗。因此，完全不用担心刮毛会让体毛长得更快更粗。

> **场景续写**

听了小叶的描述，爸爸哭笑不得。"宝贝呀，这个是我刮胡子用的剃须刀，可不能随便用在身体的其他部位。而且，你说的那些黑色的毛毛叫作体毛。进入青春期，大家都会长出体毛。阴阜周围长出的是阴毛，两边腋下生长出的是腋毛。"

"原来是这样啊。"听了爸爸的解释，小叶点点头，"可是爸爸，我觉得体毛好丑，我可以刮掉吗？"

爸爸想了想，回答道："体毛可以吸附细菌以及皮脂腺分泌物，对皮肤有保护作用。爸爸不建议你现在就刮掉它们。因为你现在的皮肤比较嫩，如果不小心刮破了，有可能造成感染。只要体毛不是特别多，那么养成良好的卫生习惯，保持体毛清洁就好了！等你再长大一些，如果还是觉得体毛不够美观，我们可以再一起讨论去除体毛的问题！"

关于"长毛毛"这件事

我可以对自己说：

- "这些体毛用处可大了，能保护我的皮肤和身体器官，可千万别急着把它们都去掉。"

我可以对同学说：

- "保持体毛的清洁就好。千万别轻信那些去除体毛的广告！来路不明的脱毛膏很可能伤害皮肤、引起过敏，甚至导致重金属或激素沉积在身体里。等我们再大一些，如果还是觉得体毛不美观，再想安全的办法去除也不迟。"

我可以这样做：

- 平时注意体毛的清洁，养成良好的卫生习惯。
- 将体毛看作身体的一部分，尝试接纳它，理解它。

我一定不要这样做：

- 轻信脱毛产品的广告，频繁尝试各种脱毛方式。
- 去非正规医疗机构进行脱毛。
- 嘲笑他人体毛过重。

2 疯狂爆痘，没脸见人了
——痤疮的成因与应对方法

▶ 场景再现

"啊——"小窦房间里"惊天动地"的喊声打破了午后的宁静。

小窦瘪瘪嘴,向闻声赶来的妈妈指了指自己脸上的几个"不速之客"。只见小窦原本光滑白净的脸上不知何时长出了几颗白色的、带着红尖尖的痘痘!"原来是青春痘呀。"妈妈语气轻松地说,"这是青春期的正常现象。"

可小窦哪里忍得了这几颗痘痘。接下来几天,他用手挤、用肥皂水洗、用酒精棉擦……使出了浑身解数,本以为能打败痘痘,没想到脸上的痘痘不仅鼓成了"小山丘",而且数量更多了。

"天啊,明天就要开学了,我可怎么见人啊!"小窦忍不住一声声哀叹……

▶ 科学认知

青春痘,学名痤疮,也有人称之为粉刺。进入青春期,雄激素的分泌增加,刺激皮脂腺的分泌,进而堵塞毛孔,导致毛囊皮脂腺发炎,就形成了痤疮。痤疮大多生长在脸上,胸背和肩部也可能生长。

由于男生雄激素分泌一般多于女生,所以痤疮出现的概率也更高。

很多人进入青春期都会长痤疮,这是青春期身体发育的一种正常体现,不需要为此太过烦恼,更不要因为别人长出了痤疮而嘲笑他。

▶ 常见误解

1. **青春痘只会在青春期长?** 不!虽然随着年龄增长和体内激素水平的变化,大部分人的痘痘都会逐渐减少甚至消失,但也不排除因为体内激素水平变化,成年后仍然长痘痘的情况。

2. **挤痘痘会好得更快一些?** 不!痘痘千万不能挤,特别是鼻子和嘴唇周围的危险三角区,这一区域有很多血管直接通向大脑,如果不小心挤破了,很有可能导致细菌和病毒扩散到大脑。

3. **多洗脸就不会长痘痘了?** 不!虽然过多的油脂会堵塞毛孔引发痘痘,但频繁洗脸控油会刺激皮脂腺不断分泌油脂,反而加剧痘痘的形成。

▶ 场景续写

爸爸妈妈陪小窦一起去看了皮肤科医生,在医生的建议下,小窦决定养成良好的生活习惯,平时少吃太甜、太油和其他刺激性的食物。小窦还会注意经常保持皮肤清洁,用清水洗脸,再适当用一些护肤品。爸爸会经常提醒小窦,千万不要用手去挤长出的痘痘。慢慢地,小窦脸上的痘痘就没有那么严重了。

在老师的鼓励下,小窦利用班会时间给同学们分享了自己的"战痘"经历,告诉同学们如何更好地保护自己的皮肤。大家还约定,绝对不嘲笑长了痘痘的同学!

关于痘痘这件事

我可以对自己说：

- "青春期长痘痘很正常，大部分人都会这样。不要担心，我还是很美的！"

我可以对同学说：

- "多大的痘痘也盖不住咱们青春的活力！青春就是最美的！"

我可以对家长说：

- "爸爸妈妈，我长青春痘了，可以带我去看下皮肤科医生吗？正正规规地处理一下。"

我可以这样做：

- 养成良好的生活习惯，平时少吃太甜、太油或其他刺激性的食物。
- 注意经常保持皮肤清洁，用清水洗脸，再适当用一些护肤品。
- 如果太严重，及时请爸爸妈妈带自己去看医生。

我一定不要这样做：

- 用手去摸、去挤长出的痘痘。
- 为脸上"爆痘"而感到自卑。
- 嘲笑长了青春痘的同学！

3 有人疯狂长高，我为什么还不长

——青春期身体发育的差异性

▶ 场景再现

体育课上，初一年级几个班为了迎接即将到来的课间操比赛，正在紧锣密鼓地安排队列。体育委员拉出了"藏"在倒数第二排的小薛："小薛你站那么靠后干什么，从前面都看不到你，快来第一排！"

小薛郁闷坏了，明明小学时自己的个子在班里也是中上，怎么上了初中以后，倒成了小排头了……再回头看看排在队尾的，几乎清一色都是班里的女生。小薛不禁感慨："啊！为什么我的个子还没有同班的女生高啊？这不公平！"

▶ 科学认知

青春期是每个人从童年过渡到成年所必经的时期。一般来讲，青春期的年龄范围是10～20岁，其中女生的青春期大多在10～18岁，男生的青春期大多在12～20岁，也就是说，女生的青春期往往比男生开始得早，结束得也更早。

进入青春期后，人的骨骼、肌肉和脂肪会迅速增长，造成大多数男生和女生身高与体重的迅速增加。但由于男女生青春期开始的时间不同，所以初期展现出的体型变化也有明显不同。女孩的身高和体重通常从10岁开始突增，持续约3年，而男生则要在12岁左右才开始突增。这也就解释了为什么在小学高年级和刚进入初中时，女生可能看上去比男生更加"强壮"。

▶ 常见误解

1. 中学时候个子矮，以后也长不高？ 不！身高发育的早晚因人而异，能长到多高主要受遗传因素的影响，但良好的生活习惯也有助于身高增长。合理且均衡的饮食，充足的睡眠，适当的体育锻炼，特别是弹跳类的体育锻炼都可能让你更容易长高。但需要注意的是，一些疾病会对你身高增长产生影响，一定要早发现早治疗哦！

2. 别人都长高了，只有我还这么矮，我是不是有问题？ 不！每个人青春期开始的时间有差异，进入青春期后身体发育的速度也因人而异。现在个子矮不代表以后长不高，毕竟初中时全班个子最矮的同学到了高中摇身一变长高到将近两米，也不是什么少见的事。

3. 我还没有同班女生高，活该被人嘲笑？ 不！千万不要这么想，任何人都没有权利嘲笑他人的外貌、学习能力、穿着、行为举止、性倾向、性别认同等，如果有人这样对待你，一定要勇敢地对他表达你的想法，让他停止这样的行为，或者向你信任的人寻求帮助。

▶ 场景续写

晚饭时候，小薛略带不满地和爸爸妈妈吐槽了自己今天的"遭遇"。听了小薛的诉说，爸爸给他夹了一筷子他最喜欢吃的菜，安慰道："儿子，别难过！你看爸爸现在个子不也很高吗，其实我上初中的时候，也是站在排头呢。"

"真的吗？爸爸，您能不能教教我，您是怎么长到这么高的？"

"哈哈，身高这个事很大程度上看遗传，你看爸爸妈妈个子都不矮，你肯定也会长高的！另外，平时吃饭一定要营养均衡，千万不能挑食，还要多做些弹跳类的运动，保证充足的睡眠，这些也都对长高有帮助。"爸爸说道："再说了，就算没有那么高也不要紧，你仍然是我和妈妈心中最棒的孩子！"

关于长高这件事

我可以对自己说：

- "女生青春期开始得比男生早，一些男生个子蹿得早也是有的。只要营养均衡，积极锻炼，我也会长高的！"
- "身高只是个人特质的一个方面，我还有这么多的优点。我非常棒！"

我可以对同学说：

- "尺有所短，寸有所长。咱们还是多关注学业吧！"
- "每个人都是独一无二的，不完美的。我们应该尊重彼此的不同。"

我可以这样做：

- 尽量确保摄入的营养均衡，多参加一些有利于增长身高的运动，例如打篮球、摸高等。
- 不因为身高上的差距而给自己太大的心理压力，相信自己一定能长高！
- 即使身高不理想，也要看到自己的其他闪光点。

我一定不要这样做：

- 为了长高，轻信广告，去吃增高药或者做增高手术。
- 因为身高不理想而自怨自艾。
- 因为身高上的差异嘲笑其他同学！

4 我为什么越来越壮，越来越胖
——对体重与减肥的科学认知

▶ 场景再现

马上要升到高三年级，又到了小庞最"痛恨"的学年体检了。趁着空腹抽完血，小庞去了个卫生间，立马就跑来测体重。外套、上衣、裤子、手表、眼镜、皮筋通通摘掉，深吸一口气，小庞战战兢兢站上了体重秤。

"身高1.65米，体重60千克。"体重秤响亮的声音回荡在体检室内。小庞恨不得立刻找个洞钻进去。她总觉得周围的同学都在对自己指指点点：她们是不是在说我胖？是不是觉得我丑？没人喜欢胖子，我怎样才能瘦到没人取笑我呢？

▶ 科学认知

身体质量指数（Body Mass Index, BMI）是目前国际上常用的衡量人体胖瘦程度以及是否健康的标准。如果你想要了解自己的体重相对身高来讲是否健康，BMI值是一个中立而可靠的指标。BMI指数的计算公式为：

$$BMI = 体重（kg）/ 身高^2（m）$$

我国教育部根据青少年发展特点，制定了《国家学生体质健康标准》，对初高中BMI指数达到超重和肥胖的标准划分如下：

性别	等级	初一	初二	初三	高一	高二	高三
男生	超重	22.2～24.9	22.6～25.2	22.9～26.0	23.3～26.3	23.8～26.5	23.9～27.3
	肥胖	≥25.0	≥25.3	≥26.1	≥26.4	≥26.6	≥27.4
女生	超重	21.8～24.4	22.3～24.8	22.7～25.1	22.8～25.2	23.3～25.4	23.4～25.7
	肥胖	≥24.5	≥24.9	≥25.2	≥25.3	≥25.5	≥25.8

青春期男孩子的身体会自然地出现肩膀变宽、肌肉轮廓分明等变化，而女孩子则会出现胸部发育，身体变得丰满等变化。这种体型的变化往往容易被误解为变胖。

至于是不是真的胖，大家可以尝试计算自己的 BMI 指数，看一看自己是否真的超重。如果体重超重较多，可以通过合理的运动和改变饮食结构等方式进行减重，以保证自己的身体健康。但如果并没有超出标准，就千万不要再为自己的体重而烦恼了。

▶ **常见误解**

1. 我可以通过吃药减肥吗？不建议这样做！ 减肥药是具有减肥瘦身作用的药品，市面上充斥着各种各样的假冒伪劣减肥药，让不少肥胖人士上当受骗。经过国家食品药品监管总局批准的减肥药只有一种，是奥利司他。特别要注意的是，18 岁以下的青少年身体器官尚未完全发育成熟，服用减肥药很容易对身体造成损伤，因此中学生不建议服用减肥药！

2. 节食减肥很有效？不！ 通过节食减掉的重量实际大部分是身体中的糖和水，脂肪是很难减少多少的。节食减肥容易带来代

谢减慢、肌肉流失、营养不良、体重反弹、自信心受损等后果。另外，节食时间过长，身体也会随之出现代谢紊乱等一系列问题；加之总担心吃多了会发胖，渐渐也就对食物产生了抵抗情绪，最终诱发厌食症等失调症状。不仅如此，女生节食还会导致黄体生成素减少，进而导致卵巢无法分泌足够的雌激素和孕激素，引发月经推迟或停经等现象。

3."胖"就应该被嘲笑？不！任何人都不应该因为身材嘲笑他人，也没有人应该因为身材而被嘲笑！你的外貌应当由你自己来评价，你才是为自己的身体健康和心情愉悦负责的人。只要你的身体是健康的，那就完全没有问题，应该勇敢地对嘲笑你的人说"不"，欣赏并肯定自己的美。

▶ 场景续写

"同学你的身材很正常呀！"正当小庞难过之际，医生忽然夸了她一句，"刚才好几个女生体重都太轻了，BMI值完全低于健康范围。这样对身体不好，你现在的状态就很棒。"

"真的吗？谢谢您。可是班里很多同学都觉得我胖……"

医生想了想，把体检室里的女生叫到一起，给大家讲了讲什么才是健康的体重，还特别强调了不能因为身高体重嘲笑同学。

"小庞，对不起，我们以前不该嘲笑你。以后我们一起运动好不好？希望大家都能够拥有健康！"

关于体重这件事

我可以对自己说：

- "我不再是小屁孩儿了，体重增长很正常。健康的体态才是最重要的，最美的！"
- "胖可以是暂时的，但矮就是终身的了。不能为了减肥影响了长高！"

我可以对同学说：

- "你就别笑我胖了！从健康的角度来讲，我的身高、体重是合适的，相反，体重过轻，才不健康。"
- "你一点都不胖，不要为了迎合别人的眼光而盲目减肥。相信自己，自信一些，健康才是最美的！"

我可以这样做：

- 关注饮食结构，使体重维持在健康的范围之内。
- 建立科学的体重认知和自己的审美观。
- 如果的确有些胖，通过合理饮食和加强运动适当减重。

一定不要这样做：

- 不遵医嘱服用减肥药。
- 为了减肥，不好好吃饭。
- 嘲笑其他人的身材。

5 梦里和他很亲密，我是不是变坏了

——对性梦的科学认知

▶ 场景再现

小梨今天又一次做了那个梦。梦里她跟一个阳光开朗的男生，双手交握，正在接吻。小梨能感觉到他对自己的温柔和耐心，还有自己对他的熟悉和信任。她的内心产生了一种难以用语言描述的悸动，无比渴望能够看清楚那个男生的脸。终于，她看到了，竟然是他！小梨猛地惊醒：我怎么会梦到他？他那么优秀，白天我甚至都没有勇气和他说话，却在梦里和他牵手、拥抱……我是不是变坏了？小梨越想越觉得心慌，她甚至不知道今天该如何面对那个男生……

▶ 科学认知

进入青春期后随着生殖器官的发育成熟和第二性征的出现，有些男生或女生会在睡觉的时候梦到各种带有性色彩的场景，比如和喜欢的人亲吻、拥抱、爱抚等。伴随梦境同时产生的，还可能有一些身体上的反应，例如男生的阴茎勃起、梦遗和女生阴道湿润等。

不同于性幻想，性梦发生在睡梦之中，所以其发生时间、具体内容都是不受控制、无法预设的。但二者都是个人能够独立完成的缓解性欲的性行为，也都是不会造成身心伤害的正常行为。

▶ 常见误解

1. **没有性梦的人不正常？** 有没有性梦都正常！研究发现，无论男生和女生都有可能做性梦，而这种现象在男生身上出现的可能性更大。但是，并没有研究结果支持这一现象一定会发生在每一个人身上。所以，进入青春期后没有性梦也是正常的，完全不用担心！

2. **朋友之间就是应该互相分享性梦？** 不！虽然性梦是青春期很多男生、女生都会经历的，但一定要记得，性梦是个人隐私！如果别人不愿意，不要去打听、议论别人是不是做了性梦、梦到了什么，也没必要热情地分享自己的性梦内容，这些都是不合适的行为，对他人和自己都不够尊重。

3. **道德有问题的人才会做性梦？** 不！性梦是进入青春期后的一种正常现象，是自发的、不受控制的，也与道德无关。并不是所有性梦都来源于"日有所思，夜有所梦"。所以不要害怕、不要自责，就把它当作一种体验，坦然接受吧！

▶ 场景续写

眼看上学的时间要到了，小梨的卧室却还关着门。妈妈担心地敲了敲门，询问小梨是不是身体不舒服。

"妈妈，您可以进来一下吗？我有事情想和您说。"经过了激烈的思想斗争，小梨决定把自己的梦境告诉妈妈。妈妈一定有办法帮助自己的！

"宝贝，别怕。"妈妈安抚地拍了拍小梨的背，"这是一种进入青春期后的正常现象，叫作性梦，是不受我们控制的。不过你可以把它当成一种幻想，去接受就好，但千万不要让它影响你的正常生活。在学校里，你们还是同学、朋友，千万不要因为一个梦影响了你们的友谊！"

关于"羞羞梦"这件事

我可以对自己说：

- "这只是一个梦，不受我大脑的指挥。要是真的很想和他说话，就大大方方、斯斯文文地和他说话吧。"

我可以对同学说：

- "有的梦属于个人隐私，还是不要拿出来聊的好。"

我可以对家长说：

- "昨晚我做了一个梦，梦里我好像恋爱了。这个梦让我有点不知所措，可以和你们聊一聊吗？"

我可能会这样做:

- 坦然接受自己梦到的一切,不让性梦影响自己的情绪和对自己的评价。
- 大大方方地在现实生活中和性梦对象成为正常的朋友,而不是避而远之或真的开始追求对方。
- 和信任的人聊一聊自己的梦和困扰,而不是一个人憋在心里。

我一定不要这样做:

- 因为做了性梦而觉得自己道德有问题,感到自责。
- 在教室或公共场所和他人谈论自己的性梦。
- 随意打听别人有没有做过性梦,梦到了什么。

二、女孩身体的变化

1. 我的胸比其他人的大好多，太羞耻了

——乳房发育与乳房保健

▶ 场景再现

课间休息的时候,班上几个女生围在一起,你一言我一语地聊天,奇怪的是大家看上去都有点不太开心。

"老师不是说青春期女生的胸部会发育吗?为什么我这里还是平平的……"小茹低头看看自己胸前,噘着嘴说。

"这样多好啊!我可羡慕你了!"小芳单手托腮叹了口气,"我倒是发育了,你看看,虽然穿着胸罩,可平时体育课跑步都觉得胸前沉甸甸的,一甩一甩的,可难受了。我还总觉得有男生对我指指点点的!"

小景安慰地拍了拍她,跟着说道:"我不知道为什么,每次来月经前乳房都会觉得胀痛。"

"同学们,你们在聊什么呢?"正在这时,班主任老师走进了教室。

▶ 科学认知

乳房发育是青春期发育的第二性征之一。进入青春期,大部分女生的乳房会逐渐开始发育,变得丰满、隆起,乳头也会变大。乳房开始发育的时间因人而异。大多数女生的乳房会在8～13岁开始发育。

每个女生乳房的形状、大小、颜色不尽相同,即使是同一个人,左右两侧的乳房也可能会有差异。乳房对于抚触刺激一般会比较敏感,尤其是乳头部位,可能会因触摸而产生舒适感。但是要记住,除了医生征得你的同意为你检查身体以外,被人无端触摸乳房是一种性侵害,一定要及时告诉父母或老师,寻求帮助!

▶ **常见误解**

1. 只有女生的乳房才会在青春期发育? 不!男生的乳房也有与女生相似的结构,进入青春期,同样也会有一定程度上的发育,但由于男生的乳腺、脂肪数量少,激素水平也有差异,所以乳房并不会发育得和女生一样大。不论男生还是女生,在乳房组织发育的过程中,都可能会出现触痛、发痒、乳头竖立等现象,这些都是正常的,千万不要担心或害羞!

2. 女生乳房小,将来哺乳时乳汁就少? 不!当女性怀孕并产下孩子时,在一种名为催乳素的激素作用下,乳房会开始分泌乳汁。乳汁含有极其丰富的营养,是婴儿最理想的天然食物。但是一定要记得,女生乳房的大小与将来分泌乳汁的多少半点关系都没有,这种说法是没有科学依据的!

3. 男生不会患上乳腺相关的疾病? 不!男生的乳房只是发育得没有女生那么大。男生并不是没有乳房,在男性的乳房中,乳头、乳晕、乳腺、脂肪这些结构也一个都不少。所以女生可能患上的乳腺相关疾病,男生也都有可能患上,千万不能掉以轻心!

> **场景续写**

大家看着和蔼可亲的班主任老师,又互相看了看,最终小景开口说:"老师,我们想问您几个问题。"随后,几人将自己的困惑一一讲给了班主任老师。

老师听后笑了笑,说道:"老师很高兴你们信任我,愿意和我分享你们的困惑。我以前也经历过这些困惑,不要担心,让我一点点讲给你们听。"

大家点点头,纷纷期待地看着班主任老师。

"虽然说乳房发育是青春期常见的变化,但每个人乳房发育的早晚和程度都是有差异的。有的人可能胸部小,有的人可能发育得晚,有的人可能发育得又早胸部又大,这都是正常的。当然,如果乳房过大,要去正规医院确认一下是不是青春期巨乳症。如果乳房内有肿块,或者乳头没有向外突出,这些也都需要去正规医院检查。"老师顿了顿,继续说道,"由于激素的作用,在月经期以及月经来潮前几天的确可能会出现乳房疼痛,这也是正常现象,不是生病了。另外,有的人的乳头周围可能会长细毛,这也是正常的!"

老师说完后,几人情不自禁地鼓起了掌:"老师,您好厉害呀!"

老师倒有些不好意思了:"每个女生都会经历这些,以后要是有什么疑惑,你们还可以来找我聊!"

关于乳房发育这件事

我可以对自己说：

- "每个人的乳房大小、发育快慢都不完全相同，只要没有不舒服的感觉，就完全不需要担心。"

我可以对同学说：

- "这是女生青春期的正常变化之一，请你们不要随便拿这件事开玩笑，这样非常不尊重人，也显得你们很低级。"

我可以对家长说：

- "妈妈，我的乳房开始发育了，可以陪我去选个合适的胸罩吗？"
- "我的乳房有些胀痛，可以陪我去医院看看吗？我想确保一切正常。"

我可以这样做：

- 关注自己乳房的发育和变化，确保乳房健康。
- 选择并穿戴适合自己的文胸。
- 他人嘲笑自己的乳房发育时，勇敢地表达自己的观点，严重时要求对方道歉。

我一定不要这样做：

- 通过手术或捆扎等方式试图改变乳房的大小和形态。
- 为了掩盖乳房发育而每天含胸驼背，不敢挺直了腰板走路。
- 因为不知如何开口而选择忽视乳房的不适。
- 因为乳房发育较早或较晚而嘲笑他人。

2 勒得喘不过气来了
——如何挑选合适的胸罩

▶ 场景再现

"三、二、一,吸气!憋住啊,憋住!"

啪!

"呼!终于钩上了!"小文和小昭两姐妹累得仰躺在床上,不住地大喘气。这是在干什么呢?原来是小昭在帮小文穿胸罩,可是这胸罩实在是太小了,两人费了九牛二虎之力,才把后面的扣钩住。

"小昭!好难受啊,我要喘不过气来了!"小文用手撑在胸罩里面,试图缓解一下挤压感,但并不能起到什么作用。

"要不……我们还是去问问妈妈吧?"小昭犹疑地说,"我还是觉得你这个胸罩买得不太对,我在女澡堂看其他人穿的时候都没有像你难受成这样啊……"

▶ 科学认知

对处于青春期,乳房刚刚开始发育的女生,高质量的运动型胸罩是相对来说合适的选择。一方面,运动型胸罩对乳房有很好的承托作用;另一方面,运动型胸罩穿戴起来十分舒适,不会压迫胸部,影响青春期女生的乳房发育。

在选择合适的胸罩之前,需要先对自己的胸围和罩杯进行测算。测量胸围时,要用软尺贴身测量,不能过紧或过松。测量上胸围时,身体前倾45°,用软尺经双侧乳头绕胸一周,记录厘米数;测量下胸围时,身体直立,用软尺贴身围绕乳房下部一周,

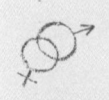

记录厘米数；上胸围减去下胸围即为罩杯。一般来讲，我们会用 A、B、C、D 表示罩杯大小：上胸围减去下胸围约为 10 厘米，建议选择 A 罩杯；约为 12.5 厘米，建议选择 B 罩杯；约为 15 厘米，建议选择 C 罩杯；约为 17.5 厘米，建议选择 D 罩杯。一定要在确定了胸围和罩杯之后，再去选购合适的胸罩！

▶ 常见误解

1. 胸罩一定要紧紧贴合乳房？不！ 选择胸罩要注意以下几点：第一，乳房要能够完全包裹在罩杯之内，罩杯不能过大，也不能太小。第二，胸罩的正中间应该对应胸骨正中的位置。第三，胸罩的肩带最好可以调节，背带背部正中部分要能容下两根手指，戴上后一定要以自己感觉舒服为准。第四，尽量不要在网上买胸罩，最好自己去店里试过，确认舒适后再购买是最好的！

2. 带钢托的胸罩更有利于胸部塑形？不！ 青春期的女生乳房正在发育，最好不要佩戴有钢托的胸罩！钢托会对乳房造成物理性挤压，长此以往不仅不利于乳房的发育，甚至可能诱发乳腺疾病。

3. 长时间佩戴胸罩，乳房会更丰满？不！ 佩戴胸罩的时间不宜过长，特别是处于青春期，乳房仍在发育的女生。在家或者晚上睡觉时，可以摘下胸罩，让乳房放松。

▶ 场景续写

纠结良久，两人还是去客厅找了妈妈："妈妈，这个胸罩穿着好难受,你看我是不是买得有问题呀?"

妈妈看了小文的样子,赶紧伸手帮她把胸罩解开:"哎呀,你们这个胸罩买得太小了,还有钢托,这样勒下去喘气不顺不说,还会影响乳房发育。"说罢,妈妈从柜子里取出软尺,边说边将尺子绕在小文身上测量。"买胸罩之前一定要先测量好上、下胸围,确定好尺码和罩杯。还有啊,你们现在乳房还在发育,最好别穿带钢托的胸罩,运动型的更合适一些。"

"好了,测完了。我看一下,上下胸围差9厘米,A罩杯就可以了。"妈妈收起软尺,带上两人出门了,"走,妈妈带你们去重新买!"

关于胸罩这件事

我可以对自己说:

- "选择胸罩,健康舒适是第一要务,可千万不能为了一时好看而'折磨'自己的胸部!"

我可以对家长说:

- "妈妈,我的胸部开始发育了,可以请您帮我测量一下胸围,带我一起去购买胸罩吗?"

我要对售货员说：

- "阿姨您好，我的下胸围是 ** 厘米，上胸围是 ** 厘米，想购买没有钢圈的透气性好的胸罩，您可以帮我推荐几款吗？最好是纯棉材质的，谢谢！"

我可以这样做：

- 规范测量自己的上下胸围，选择尺寸合适的胸罩。
- 选择没有钢圈或钢托的运动型胸罩。
- 尽量选择纯棉材质的胸罩。

我一定不要这样做：

- 因奉行以平胸或大胸为美的标准，而刻意选用特殊胸罩，对乳房施加额外影响。
- 长时间不换洗胸罩。
- 晚上穿着有定型钢圈的胸罩睡觉。
- 怀疑乳房发育有问题时，不跟家长反馈而自行上网或向同学了解相关信息。

3 这么多血,我是不是得了什么绝症

——对月经的科学认知与卫生巾的使用知识

▶ 场景再现

今天是升入初二年级的第一天，小静穿着洗得干干净净的白色校服，一大早就到了学校。第一节是小静最喜欢的生物课，可就在她专注听课的时候，突然觉得椅子湿漉漉的，伸手一摸，手上竟然染上了铁锈般的红色！

我是不是被人恶作剧了？这个念头在小静的脑子里一闪而过，随即她意识到这红色的液体染透了校服裤子，竟然是从她体内流出来的！小静一下就慌了，再也没有心思听课了。课间时候，闺密小月见小静坐在座位上郁郁寡欢，便过来询问。听小静说完后，她脱下自己的校服外套围在小静腰间，又从书包中掏出一个小布包，拉着小静去了卫生间。

▶ 科学认知

进入青春期，在激素的作用下，女生体内的卵巢每个月会排出一枚卵细胞。如果卵细胞没有与精子结合形成受精卵，子宫内膜就会脱落。脱落的时候，子宫内膜中的血管也会破裂，所以会有血液从阴道口流出。因为这种现象是每个月一次，所以被称为"月经"。我们将女生首次月经称为"月经初潮"，初潮通常出现在女生11~16岁之间，一般来讲，11~17岁期间初潮也都是正常现象。这是女生进入青春期的重要标志，也代表着女生开始具备怀孕的能力。不过，如果女生16岁以后月经仍未来潮，就应当引起重视，并且前往正规医院进行检查了！

来月经这件事儿，还有好多其他的称呼，比如"来大姨妈""来例假""来事儿""好朋友来了"，等等，大家慢慢就会熟悉。

另外，男生们也要尽可能地关怀、体谅经期的女生，如果发现女生裤子上有血迹，可以写纸条提醒，或者告诉其他女生代为转告！

▶ **常见误解**

1. 经血是"污血"，所以月经很不干净？ 不！经血并不是污血，也一点都不脏。经血与人体其他部位流出的血没有任何区别，只不过它是从阴道里流出来的。经血中约有一半是血液，除血液外还包括宫颈黏液、阴道分泌物和子宫内膜组织，以及一些帮助经血不凝结成块的化学成分。当出血量较大时，会有血块的出现，这也是正常的。另外，大多数女生经期失血量为 20～60 毫升，因此并不会出现我们所担心的"失血过多"。

2. 卫生巾只需要放在内裤上就可以了？ 不！常见的卫生巾中间是一个长条形的吸收区，两侧各有一个"耳朵"状的护翼。在使用前需要清洗双手，然后打开包装，取出卫生巾，撕去中间的纸带，把有胶的一面粘到内裤中间，将两个护翼对准内裤最窄之处，然后撕下一侧护翼背面的小块纸贴，把护翼向外反折紧贴于内裤的侧面粘牢，另一侧以同样方法固定。依靠底部的胶条和两侧的固定，卫生巾才能被牢牢地粘在内裤底部。

> **场景续写**

"小月,我……我可能得了什么不治之症。"

"小静别怕,你这是来月经了,是长大了!"小月给了小静一个大大的拥抱,"第一次来月经也叫月经初潮,这是女生进入青春期的标志,才不是什么不治之症,千万不要有什么心理负担。"

"小静,这个卫生巾给你,打开后先撕去中间纸带,把有胶的一面粘在内裤中间,再把两侧护翼对准内裤最窄处向下粘住就好了。"小月边说边把小布包塞进小静手里。

垫好卫生巾后,小静换上了小月找老师借来的备用校服。"小月,还好有你在,否则我真的不知道要怎么办了……"

"小意思!"小月笑了笑,"我上个月刚刚来月经,当时妈妈给我讲了好多。她说有的女生月经初潮时候会腰酸、嗜睡、疲劳、乏力,这些都是正常的。她还告诉我经期要避免参加剧烈的体育运动,否则太累了可能导致抵抗力下降,很容易生病的。还有,一定注意休息,保证充足的睡眠,吃的东西也要有营养、好消化!"

"嗯嗯,我记住了!"小静点点头,"刚刚你给我的那个卫生巾,放学后可以陪我一起再去买一些吗?"

"当然没问题!"

关于月经这件事

我可以对自己说：

- "不要怕，这并不是病，更不是什么不治之症，是每个女孩子都会经历的。要照顾好自己！"

我可以对闺密说：

- "恭喜啊，你这是长大了！来例假时要保持干净、舒适，我陪你去买卫生巾吧。"
- "你离近点儿，我跟你说句悄悄话。你裤子有点儿弄脏了，是来例假了吗？你把书包背低一点儿挡住吧。"

我可以对家长说：

- "妈妈，我来月经了，我长大了！教教我卫生巾怎么用吧。"

我可以对老师说：

- "老师，我来月经了，身体不太舒服，没办法进行剧烈运动。跑操的时候我可以在旁边见习吗？"

我可以这样做：

- 接纳自己来月经的事实，并将其视为成长的标志。
- 提前学习经期保健和卫生巾挑选等相关知识。
- 尽己所能帮助和关心被月经困扰的不知所措的同学。
- 在发现同学因月经弄脏衣物时，尽可能用不让对方尴尬的方式提醒她。

我一定不要这样做：

- 认为来月经的自己得了什么大病。
- 在经期大吃特吃生冷食物或做剧烈运动。
- 嘲笑来月经的同学，或大声指出她们的衣裤被弄脏了。

4 琳琅满目的卫生巾，我选哪个

——经期卫生用品的选择和保存

第1章 天啊，我这个身体怎么了

45

▶ 场景再现

放学后,小静和小月一起去了学校附近的超市。好不容易找到了售卖卫生用品的货架,两个人看着琳琅满目的经期用品傻眼了。

"日用卫生巾、夜用卫生巾、安心裤、护垫、迷你卫生巾……还有卫生棉条和月经杯?小月,我该买哪种啊?"小静挠着头,一脸疑惑地看向自己的好闺密。

"这……"小静无奈地扶额说,"这我也不知道啊!都是妈妈帮我买的,我还以为卫生巾就只有一种呢。"

"唉,这么多种卫生巾,可怎么选啊!"

▶ 科学认知

选购卫生巾时,一般需要从以下4个方面进行考虑:

第一,卫生标准。 不含可迁移性荧光剂是保证卫生巾安全的基本原则之一。卫生巾中荧光剂含量过高,容易导致女生会阴处过敏或者感染,出现瘙痒、湿疹等,增加妇科炎症的患病概率。此外,合格的卫生巾细菌菌落总数≤200,真菌菌落总数≤100,在购买卫生巾时一定要警惕菌落总数超标的卫生巾。

所以,一定要去正规的超市购买正规品牌的卫生巾。

第二,卫生巾的材质。 选择时应当从表层、吸收层和底层三部分的材料及作用来考量:表层干爽可使局部皮肤不受潮湿之苦,漏斗形设计可使渗入的液体不易回流,但如果用过之后对网面感到不适，那么较为柔软的棉柔型卫生巾可能更适合；吸收层以透气、内含高效胶化层的为宜，这类材质受压后不易回渗，表面不会有黏腻的感觉；底层以透气的为宜，能有效地减少卫生巾带来的潮湿与闷热感，保持干爽清新的体感。

第三，卫生巾的设计。卫生巾按形状可分为两大类：条状和翼状。它们都是通过自带胶面粘贴在内裤上，从而发挥功能的。

条状的卫生巾通常会便宜一些，但有个缺点就是在量大时容易侧漏。

翼状的卫生巾有两个类似蝴蝶翅膀形状的防侧漏设计，可以把内裤边缘也包裹起来，这样就更不容易侧漏。

为了应对血量特别大的情况，商家还制作了加长加厚的夜用型卫生巾，甚至夜用型卫生裤，它们能让女性在经期的夜间睡得更舒服，更安心。

另外，还有一种非常轻薄的卫生护垫，它比卫生巾薄很多，贴在内裤里基本感觉不到它的存在。

第四，个人实际情况。卫生巾一般分为日用型和夜用型。日用型的比较轻薄，夜用型的更厚，更长。大多数女生月经期的第2～3天出血最多，之后逐渐减少，正常行经时间为7天左右。所以，月经量多时（通常为经期第二天和第三天）可以选择量大日用或加长夜用的卫生巾，量少时可以选择普通日用或迷你卫生巾。

此外，除了卫生巾外，卫生棉条、月经杯等也是可供选用的经期卫生用品。不过，绝大多数上中学的女孩子都会选用卫生巾。

▶ 常见误解

1. **卫生巾可以大量囤货，随便存放？不！** 卫生巾要尽量在干燥、无菌的环境中贮藏，而且有一定的有效期限。因此要即买即用，用不完的可以放在棉质的布袋里保存起来，外出携带时也要独立存放，不要和化妆品等混放。卫生巾尽量不要在阴暗潮湿的卫生间中存放，容易滋生霉菌。买卫生巾时还要注意保质期，离生产日期越近质量越有保证，不宜过度囤货。

2. **为了省钱省事，卫生巾可以"吸满再换"？不！** 经血中有丰富的营养物质，很容易成为细菌的"培养基"，同时女生在经期时，容易被病原体入侵。因此卫生巾应当勤换。建议每2～4小时更换一次。更换卫生巾前应清洁双手，避免致病菌通过双手污染干净的卫生巾。

3. **药物卫生巾、香香卫生巾，对身体有好处？不！** 现在一些卫生巾号称添加了药物，可以杀菌、治疗痛经、妇科疾病，或者添加了香味，可以改善经期的体味。这样的卫生巾其实是有健康隐患的。先不说用药要对症，而卫生巾上那一点点药物又有多少可以被身体吸收？到底添加了什么药物？这种药物每个人都可以用吗？香味也同样存在隐患。这些香味是如何被提取跟合成的？会不会引起过敏？引起感染？是否存在化学残留？所以，不建议中学女生选用这样的卫生巾。

▶ 场景续写

"两位小同学，你们是要挑选卫生巾吗？"正当两人纠结之际，身后传来了售货员和蔼的声音。

"是呀是呀！阿姨，您可以教教我们该怎么选吗？"

"当然没问题！选卫生巾要看三个标准。第一要卫生达标。一般正规超市里能买到的，卫生标准都没问题。第二要选好材质，表层底层要干爽透气，吸收层要不回渗，有的人对网面过敏就只能用纯棉的，有的人觉得纯棉不舒服就可以选网面。第三要根据个人实际情况。白天用日用款，晚上睡觉用夜用款，如果量大可以在这个基础上选加长款。还有啊，每个月经期快结束的一两天量都会比较少，这个时候就可以用护垫或迷你卫生巾了。"

"原来这里面有这么多门道呀！谢谢阿姨，我们明白了！"在售货员阿姨的帮助下，小静和小月终于选到了合适的卫生巾，开开心心地回家了。

关于卫生巾这件事

我可以对自己说：

- "又弄到裤子上、床单上了……好吧。新手的笨手笨脚总是难免的。下次换个加长款型的卫生巾试试。"

我可以对家长说：

- "妈妈，可以为我准备一个放在床上的小垫子吗？这样我来月经的时候就不容易把床单弄脏了。"

49

我可以这样做:

- 根据自己的体质、习惯和需要，选择合适的卫生巾品牌和款型。
- 在经期到来前提前准备好卫生巾。
- 在挑选卫生巾时遇到拿不准的情况，及时咨询售货员。
- 及时更换卫生巾，保持干燥和清洁。

我一定不要这样做:

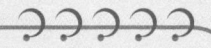

- 选购没有质量保障的三无卫生巾或散装卫生巾。
- 长时间不更换卫生巾或用脏手更换卫生巾。
- 趁着打折大量囤积卫生巾。
- 厚叠卫生纸或其他纸类来代替卫生巾。

5 今天真是痛到不想做女生的一天啊
——痛经的诱因与缓解方法

▶ 场景再现

小静回到家，从书包里拿出刚买的卫生巾，准备放进柜子里，恰好被妈妈看到了。

"哎呀，宝贝！你已经来月经了，恭喜你是个大姑娘了。抱歉，妈妈忘记提前给你讲这些事了，是不是吓到了？"妈妈走过来，满脸歉疚地摸了摸小静的头。

"一开始确实吓到了。"小静不好意思地吐了吐舌头，"不过还好有小月，她都帮我搞定了，刚刚还陪我去买了卫生巾。"说着说着，小静忽然觉得自己的下腹隐隐作痛，还有坠胀的感觉，她皱着眉头揉了揉肚子，没有在意。可谁知到了晚上，不仅疼痛没有缓解，她还觉得自己浑身没有力气。

"妈妈，我肚子好疼啊，我是怎么了？"

▶ 科学认知

痛经常发生在月经开始后的 1～3 天。痛经会让女生感到下腹疼痛、坠胀，腰疼，严重时还会恶心、呕吐、头疼、出冷汗。

痛经可大致分为两种，一种是功能性的，即生殖器官没有器质性的病变，这类痛经占绝大多数；另一种则是病变而引起的痛经。

青春期女生的功能性痛经，一般在经期第 1 天疼痛最为剧烈，持续 2～3 天后就会缓解。轻度痛经，一般不影响生活和学习，没有恶心、呕吐、出冷汗等其他症状；中度痛经会让女生直不起腰来，活动受限，并且会伴随一些全身症状；重度痛经相对来说不太常见，如果发生的话，女生通常会痛到直接上医院。

需要特别指出的是，并不是每个女生都会出现痛经，不同女生痛经的程度也各不相同，所以应对方法也不同。轻度痛经，可以用热水袋热敷、喝热红糖水等方法来缓解，如果这些方法不管用，还可以在医生的指导下口服布洛芬或对乙酰氨基酚等，如果还是不管用，就需要去医院了。

▶ **常见误解**

1. 喝红糖水能治愈痛经？不！痛经大致分为原发性痛经和继发性痛经两类。如果只是原发性痛经，喝热热的红糖水是很多女生痛经时常用的缓解方法。从医学上讲，红糖并不包含能够缓解痛经的成分。不过，热水的确具有舒张血管的作用，能够在一定程度上缓解痛经。甜甜的红糖也能够让你的心情更好一些。但是，如果是病理性的，继发性痛经，红糖水就不怎么管用了。所以，红糖水虽然不能彻底地治愈痛经，但对于青春期的女生来讲，如果确定自己只是原发性痛经，喝点热热的红糖水还是不错的选择。

2. 痛经的时候要卧床静养？不！其实，如果是原发性痛经而且不太严重的时候，是可以进行适量运动的，而且也应当进行一定的运动，但是必须选择合适的运动方法，运动量不能过大。因为适当的运动能够促进身体的血液循环，对于缓解痛经也是有帮助的。

3. 痛经直接吃止疼药就行了？ 不！绝对不能在痛经原因不明的情况下盲目地靠吃止痛药来缓解痛经。不同原因导致的痛经，应对方法也有所不同，如果一味滥用止痛药，只能缓解一时的疼痛，不能从根源上解决问题。而且，止疼药多种多样，到底吃哪一种，吃多少，怎么吃，还是建议先听取医生的意见，在医生的指导下科学用药。

▶ 场景续写

听了小静的描述，妈妈想了想，解释道："宝贝，你应该是痛经了，很多人在经期开始的几天都会痛经，别怕！"妈妈边说，边给小静灌了个热水袋敷在肚子上，还给她倒了杯热水，"喝点热水，会觉得舒服一点！如果疼得厉害一定要和爸爸妈妈说，我们带你去医院。"

小静点点头，抱着热水袋窝在沙发上，小口地喝着水。爸爸走过来坐在她身边，打开了电视。

"来来来，咱们一起看个喜剧吧，转移一下注意力，心情好了就没有那么疼了！"爸爸说着选了一部小静最喜欢的电影，三个人津津有味地看了起来。别说，看着看着小静居然真就觉得自己的肚子没有那么疼了！

关于痛经这件事

我可以对自己说：

- "不要怕,月经第一天都会不太舒服。先喝杯热水,再热敷试试。再不行就让妈妈带我去医院看看。"

我可以对老师说：

- "老师,我今天痛经比较严重,体育课上不了了。可以请假去一下医务室吗？"

我可以这样做：

- 选择温热的饮食,一日三餐要相对清淡,易消化。
- 用一些自己感兴趣的事转移注意力。
- 适当地做一些舒缓的运动,促进血液循环。
- 遇到体育课运动量大时,跟老师请假,要求见习。
- 痛经不缓解时,要跟老师和家长反映,必要时去医院就诊。

我一定不要这样做:

- 在痛经时吃冰镇食物,喝冰镇的饮料。
- 在痛经时做剧烈运动,或者游泳、洗盆浴、泡澡、蒸桑拿。
- 在不知道痛经具体成因的情况下擅自服用止疼药。
- 在痛经期间熬夜、淋雨。
- 冲洗阴道,或用带有消毒功能的洗剂清洁外阴。

6 内裤上出现的白色黏液是什么

——对白带的科学认知

第 1 章 天啊，我这个身体怎么了

▶ 场景再现

小白这几天总觉得内裤上湿湿的黏黏的,每次去到卫生间一看,都会发现自己的内裤上粘了一块白色的糊糊,仔细看还有点像蛋清。

这到底是什么?我的身体里为什么会流出这种奇怪的黏液?小白的脑海里不停地闪过自己以前看过的恐怖片,越来越觉得自己可能是要发生什么"变异"了!

晚上洗澡的时候,小白特意把妈妈拉进了浴室,给她看了自己内裤上的黏液,还说了自己关于"变异"的担忧。妈妈听后没忍住,"扑哧"笑出了声。

▶ 科学认知

在激素的作用下,女生在进入青春期后会出现阴道分泌物。这种分泌物的量不大,多呈白色稀糊状,我们称之为"白带"。受到激素水平的影响,女生在排卵期时的白带量会略有增多,外观也会较平时更为清澈,整体呈蛋清样。正常情况下,白带是没有气味的,但如果白带的颜色、气味、分泌量突然发生改变,就可能是生殖器官病变的提示。所以如果发现自己的白带颜色改变,或者产生奇怪的气味等,一定不要掉以轻心,应尽快告诉父母并去正规医院进行检查。

白带对女性生殖器官的变化有着重要的提示作用,为了更清楚地观察白带颜色的变化,女生平时最好穿白色或浅色的纯色内裤!

▶ 常见误解

1. 出现白带就意味着得了妇科病？不！ 白带是每个女生进入青春期后都会有的阴道分泌物。正常的白带呈白色稀糊状或蛋清样，高度黏稠，无腥臭味，量少，并不会对女生的健康造成不良影响。但是当白带的颜色、气味或分泌量出现突然且明显的改变，就有可能提示生殖器官产生病变了。

2. 白带分泌较多一定是生病了？不！ 女生分泌白带的量因人而异，每个女生对白带的敏感性也不同。有些人白带很多也不会感觉丝毫不适，有些人白带正常或只是稍微多一点，就可能会产生强烈的不适感。重点并不在于多或少，而在于是否产生了突然的、明显的变化！

3. 内裤上每天都有黄痂，是小便没擦干净吗？不！ 内裤穿一天就变得黄黄的、硬硬的，有可能是因为白带异常增多且发黄引起的，可能与妇科炎症有关系。如果你发现自己同时还伴有外阴瘙痒、阴道分泌物有异味，一定要去正规医院进行白带常规检查，确认是否患上了妇科炎症，之后再对症用药。

▶ 场景续写

"小白啊，你怎么这么可爱！"妈妈边笑边揉了揉小白的头发，"这个叫作白带。你现在进入青春期了，在体内激素的刺激下才会产生这种白色稀糊状的阴道分泌物，才不是什么变异了呢！"

小白不好意思地挠了挠头，又向妈妈确认道："妈妈，那我真的不是身体出问题了吗？"

"当然不是！"妈妈肯定地说，"你看你的白带，是白色或者透明的稀糊，这就是正常的。但是你也要多观察，一旦白带的颜色、气味、分泌量突然发生改变，一定要告诉爸爸妈妈，咱们去医院检查。还有，平时一定要勤换内裤、认真洗内裤，保持外阴清洁，而且最好穿浅色的内裤，这样更方便观察。"

"谢谢妈妈，我记住了！"

关于白带这件事

我可以对自己说：

- "没事儿，白带是正常的阴道分泌物，每个女生或多或少都会有的！"

我可以对家长说：

- "妈妈，最近我发现自己的白带分泌明显增多了，颜色也不太对，你可以带我去医院检查一下吗？"

我可以这样做:

- 注意观察白带的颜色、气味、分泌量,如果突然发生改变,告诉妈妈,及时去医院检查。
- 勤换内裤、认真洗内裤,保持外阴清洁。
- 穿浅色的内裤,方便观察白带的状态和变化。

我一定不要这样做:

- 对白带颜色、分泌量,或白带发出的奇怪气味视而不见。
- 内裤好几天不换,还和其他衣服混在一起洗,或者攒很多脏内裤长时间不洗。
- 因为不好意思所以强忍着阴部不适,不去就诊。

7 少女居然也得了妇科病
——对妇科疾病的科学认知

▶ 场景再现

小珂今年初二了，平时学习挺好的，还很喜欢画画。本来生活挺快乐的小珂，最近却遇到了糟心的事。

不知道从什么时候开始，她总感觉外阴痒痒的，一挠还有点疼，小便后还会流出一些像豆腐渣、酸奶絮一样的东西。在她终于难受得无法忍受的时候，小珂告诉了妈妈。妈妈赶紧带着小珂去了医院检查。

经过一系列检查，医生说："小同学，你这是得了霉菌性阴道炎。必须要在医生的指导下正规治疗，千万不能自己扛着或者胡乱买药来自己治。"

小珂差点吓晕过去，低声问大夫："什么？这是……性病吗？"

"孩子，霉菌性阴道炎是妇科常见病的一种。我给你开点药，会好的。别担心。"

妇科……病？我怎么会得妇科病呢？他们都说结婚之后才会得妇科病，我连男朋友都没有，怎么可能会得妇科病呢？是不是前几天去游泳的时候感染了？一连串的问题在心里翻腾，让小珂忍不住想哭。

▶ 科学认知

妇科疾病是指女性生殖系统出现的疾病，包括外阴疾病、阴道疾病、子宫疾病、输卵管疾病、卵巢疾病等。常见的妇科疾病有炎症类的阴道炎、宫颈炎、附件炎等，内分泌方面的月经不调、多囊卵巢综合征等。

千万不要以为得了妇科疾病就是得了性病。

妇科疾病可能由多种原因引起，包括感染、激素失调、遗传因素等，很多是不通过性接触传播的，而性病是主要通过性接触传播的感染性疾病。

所以，任何年龄段的女性都有可能会患妇科疾病。青春期的女孩比较常见的妇科疾病一般为妇科炎症、月经不调等。

保持外阴洁净、干爽，勤换内裤，不穿闷热、过紧的内裤，不滥用消毒杀菌类的清洁液，不滥用药物，是降低女性妇科炎症发病率的基本原则。清洗时，应当使用自己专用的盆和毛巾，用温水擦洗或使用流动的温水冲洗。一定不要和他人共用浴盆，或让外阴长时间浸泡在水中，以免污水进入阴道内。清洗外阴前，一定要先洗净双手。清洗过程中，要先清洗大阴唇内侧，再清洗小阴唇、阴蒂和尿道口、阴道口，然后清洗大阴唇外侧、阴阜和大腿内侧根部，最后清洗肛门。一般情况下，建议使用温水清洗，不要频繁使用肥皂或含杀菌药物的清洗剂，以免破坏阴道正常的酸性环境。

如果有月经时间不准，经量过大或过小，痛经严重等问题，也要及时就医，千万不要自己想当然地处理或隐忍。

另外，去正规的游泳池、桑拿房，一般不会导致妇科炎症和感染，不必为此过于担心。

▶ **常见误解**

1. 小姑娘不会得妇科病？不！ 我们不是生活在真空中，每天都与各种细菌、病毒相伴。在我们作息科学、习惯良好、免疫力好的时候，身体就不太容易受到致病因素的影响，反之，就有可能生病。妇科病并不等同于性病，不是主要通过性传播的。哪怕是非常爱干净的女生，有时候由于一些原因导致疲劳、免疫力下降的时候，也有可能感染妇科疾病。另外，妇科病也不都是感染类的，还有一些致病原因比较复杂，影响范围更大的，比如多囊卵巢综合征等，更是跟有性生活与否无关。所以，并不是小姑娘就不会得妇科病。

2. 爱干净才不会得妇科病？不！ 有的女生过于频繁地清洗外阴，甚至还用上带消毒杀菌功能的、添加各种香味的洗液，天天清洗，最后还是得了妇科病。这就是因为女性的外阴和阴道环境有着自身的菌群平衡，如果人为地反复杀菌，就会破坏这种平衡，反而使人更容易患上妇科疾病。因此，爱干净也要适度，要讲科学，不能过分。平时清洗外阴用温热的清水即可，手法要温柔，使用的毛巾和盆要独立出来，并且用完后要保持毛巾和盆的干爽。

3. 妇科病治好了就不用再担心了？不是这样的！ 妇科病有可能反复发作，而且有可能传染。像霉菌性阴道炎、滴虫性阴道炎，如果治疗不彻底，内裤的清洗不到位，是可能导致疾病反复的。而如果某个女生患了妇科疾病，家里还有姐妹，应该注意在治疗期间不要跟姐妹混用洗澡盆、坐浴盆、洗澡巾、坐浴擦洗毛巾等，并且哪怕洗净的内裤也不要让姐妹穿。

4. 去公共浴池、游泳池，可能感染妇科疾病？一般不会！ 其实，只要是去正规泳池、浴池、桑拿房，一般都不会感染妇科疾病，也不会感染性病。在飞机、火车上或酒店、商场使用公共马桶，一般也不会感染。所以不必多虑，也不要吓得再也不敢去这些地方。

▶ 场景续写

"小同学，你别紧张，别怕。霉菌性阴道炎是由真菌引起的，并不是主要靠性传播的那种性病，小女生也有可能患上。这不是你的错。"

听了这话，小珂委屈的眼泪流了下来。"我可爱干净了呢，为什么会得这个病？我最近为了准备期末考试，每天学习再苦再累都会洗完屁屁换上干净内裤再睡觉。"

"那就很可能是你最近压力大，睡眠不足，免疫力有点下降，所以身体就抵挡不住致病因素的侵袭了。这在医学上很常见。"

"那我要怎么样才能不再得这个什么阴道炎呢？我好怕再得啊！"

"一定要按我给你写的医嘱，彻底治疗。没有医生的建议，不要去买消毒杀菌的洗液来清洗外阴。这次好了之后也不要太过担心，保持良好的卫生习惯，好好生活就行。不要因为担心这个担心那个，弄得不快乐。毕竟，人活在这个世界上，哪有永远不生病的？有问题，找医生嘛！"

关于妇科病这件事

我可以对自己说:

- "千万不要自己瞎弄,也别一味地忍着,万一严重了就后悔莫及了。一定要告诉妈妈,让妈妈带我去看医生。"

我可以对家长说:

- "我怀疑自己可能得了妇科疾病,但我不太确定,您能带我去医院请大夫看看吗?"

我可以对同学说:

- (如果有人知道了这件事,且到处散播)"请你不要对我患病的原因妄加揣测,甚至四处传谣,这是对我的不尊重。必要的时候我会寻求法律手段维护自己的正当权益!"

我可以这样做:

- 养成良好的卫生习惯，勤换内衣裤，保持阴部清洁干燥。
- 无医嘱不使用具有消杀功能的洗液清洗外阴，更不要随便进行阴道冲洗。
- 得了妇科疾病后保持良好的心态，告知家长，尽快寻求治疗。
- 如果有同学跟你说，她得了妇科病，一定要帮她保守秘密，并且鼓励她告诉父母，尽快就医。

我一定不要这样做:

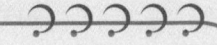

- 与他人共用洗浴用具或换穿内衣裤。
- 得了妇科病后，默默忍受，或自行处理。
- 得了妇科病后，感觉自己有了瑕疵，变得敏感、自卑、疑神疑鬼。
- 随意揣测同学患妇科疾病的原因，或与他人公开谈论相关话题。

三、男孩身体的变化

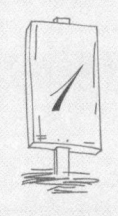

1 胡子,让我欢喜让我忧
——科学认知男孩青春期的第二性征

第1章 天啊,我这个身体怎么了

▶ 场景再现

最近几天，小胡总是对着镜子唉声叹气，时不时还用手戳戳自己的下巴。趁着小胡照镜子的时候，妈妈凑过去一看……呀！小胡的下巴上冒出了黑色的毛楂。原来，小胡长胡子了。

妈妈赶紧喊来"经验丰富"的爸爸。爸爸跑过来一看，给了小胡一个大大的拥抱："儿子，你长胡子了，恭喜你进入青春期，爸爸妈妈很开心，你长大了！"

小胡却有点委屈："这就是胡子吗？可是黑黑的胡楂好扎手，还有点丑……好想把它们都拔掉啊！"

▶ 科学认知

毛发生长是男孩进入青春期后重要的第二性征之一。一般来讲，男孩的阴阜会先长出黑色的阴毛，随后两侧腋下会长出腋毛。腋毛出现后，男孩的嘴唇周围会长出胡须。这是进入青春期，男性体内的激素水平变化，特别是雄性激素分泌水平增高所引发的正常生理现象。每个男性长出胡须的时间和胡须覆盖的面积各不相同，胡须的多少、分布、颜色以及卷曲程度与基因有关。

对于生长毛发的部位，一定要注意清洁，每日使用温水清洗，避免滋生细菌，影响个人健康。面部胡须较长且较为浓密的情况下，可以使用剃须刀进行修理，但一定要避免伤害皮肤，造成感染。

▶ **常见误解**

1. 洗澡时可以顺便刮胡子，一举两得？不！ 刮胡子的过程中存在刮伤皮肤的风险，而洗澡的时候刮胡子如果刮破皮肤，就可能会因为水流刺激伤口而导致皮肤红肿，严重时还可能会导致皮肤感染。

2. 好兄弟就要共用一个剃须刀？不！ 一旦刮胡子的过程中损伤皮肤，混用剃须刀就可能会导致双方产生体液交换，造成疾病的传播。为了防止疾病传染，应当避免共用剃须刀，不得已的情况下也要先消毒再进行使用。

3. 胡子刮得越干净越好？不！ 为了追求把胡子刮得一点儿不剩，很多男生会反复刮，反复剃，这样就有可能刮伤皮肤。而青春期男生的皮脂和汗水分泌都比较旺盛，皮肤刮破了之后会比较容易发炎，更何况胡子还得老刮，就更不容易好！

4. 只有男生会长胡子吗？不！ 受到遗传、生长环境、生活习惯等多方面因素的影响，女生也可能会在青春期分泌较多雄性激素时，长出类似胡子的汗毛。

5. 没事就刮一刮，涂点生发膏，能让胡子快点长出来吗？别！ 有的男生看到别人长胡子了自己没长，就着急得想各种办法，比如每天用刮胡刀刮脸、涂生发药水、吃生发偏方……其实大可不必。胡须的生长是由青春期身体分泌的激素决定的，所谓"水到渠成"。没有胡子的时候反复刮，很容易刮伤皮肤，如果损伤了毛囊就可能真的长不出胡子了。而那些生发药物则有可能改变激素水平，或者含有一些不明成分，盲目使用可能会对身体产生危害。

6. 刮胡子太麻烦了,能用脱毛膏一劳永逸吗? 不!先不说脱毛膏品牌繁多、成分复杂、良莠不齐,万一真的买到了效果一级棒的脱毛膏,脱得精光瓦亮寸草不生,然而你却后悔了怎么办?又弄点生发膏来当后悔药?这得多么硬朗的身体才能经得起这一通操作啊……所以,千万别胡乱折腾自己的珍贵的身体。

▶ 场景续写

"千万不要拔胡子!"爸爸赶紧拦住了小胡,"直接拔掉胡子会伤害毛囊,很容易造成感染的。"

爸爸陪着小胡一起去了卫生间,让小胡先把脸洗干净。随后,爸爸递给小胡一罐剃须泡沫:"先涂上这个再刮胡子,刮的时候千万不要太用力,以免刮破脸颊。"在爸爸的指导下,小胡用一次性毛巾擦掉了刮完后的胡楂,又涂上了一些护肤品。

"太好啦!"小胡不禁感慨道,"胡子刮掉后感觉实在是太清爽了!"

关于长胡子这件事

我可以对自己说:

- "看啊,我长胡子了!这可真是太帅了,我长大了!"

我可以对家长说：

- "爸爸妈妈，看啊，我长胡子了！不过上学好像不能有胡子，你们可以教教我怎么刮胡子吗？"

我可以这样做：

- 为自己长了胡子感到欣喜。如果同学都长胡子了自己还没长，也不要心急，静静等待成长带给你的惊喜就好。
- 购买专用的剃须刀，定期刮胡子。
- 涂好剃须泡沫再刮胡子，动作要轻柔，不要划破皮肤。

我一定不要这样做：

- 和爸爸、兄弟混用剃须刀。
- 边洗澡边刮胡子，或者为了把胡子刮得特别干净而用力、反复地刮。
- 长时间不刮胡子，也不进行清洁。
- 使用脱毛产品永久去除胡须，或者使用生发产品促进胡须生长。

2 脖子上长了硬疙瘩
——对喉结的科学认知

▶ 场景再现

刚上初一的小侯最近总觉得自己的脖子上怪怪的，看上去和之前有些不一样。一次音乐课上，大家正在练习合唱，站在小侯旁边的女同学突然惊叫一声："小侯，你的脖子怎么了！刚刚唱歌的时候，有个动来动去的大鼓包！"

小侯吓了一跳，赶紧伸手去摸，脖子上果真长了个会动的"硬疙瘩"。天啊，我是不是得了什么不治之症？正在小侯惊慌失措的时候，音乐老师站出来安抚了他的情绪，并为大家揭秘了"硬疙瘩"究竟是什么……

▶ 科学认知

这个突起的"硬疙瘩"叫作喉结。人的喉咙是由11块软骨作为支架构成的，其中体积较大的一块叫作甲状软骨，而喉结就是甲状软骨突起的部分。不论男生还是女生都有喉结，只不过男生的喉结在步入青春期后发育得更早，看上去突起也更加明显。这是男生青春期第二性征发育的主要变化之一，同样是雄性激素的分泌水平提高所引发的。

▶ 常见误解

1. 只有男生有喉结吗？不！ 男生和女生都有喉结，只不过青春期男生体内的雄性激素分泌旺盛，刺激甲状软骨生长，使其向

前突出，才有了明显的喉结。如果女生雄性激素水平较高，也可能会产生明显的喉结！这都是很正常的现象。

2. 男生没有喉结或喉结不明显，就是性功能有问题吗？不！男生喉结的发育并不会直接影响性功能。一般来讲，喉结的发育可能与遗传、生理学或解剖学结构、体内激素含量等多种因素相关。但需要注意的是，如果是因为体内雄性激素水平较低而造成的喉结发育较慢，就需要对生殖器官进行进一步检查了。

▶ 场景续写

"这个'硬疙瘩'叫作喉结。同学们逐渐进入青春期，喉结就会开始发育，变得明显。"音乐老师解释道，"不仅是男生，女生也会有喉结，只不过大多看上去没有那么明显。"

"我们为什么会长喉结呢？"小侯问道。

"为了保护我们的喉咙呀！"音乐老师想了想，继续解释道，"青春期后，男生喉结更突出，喉部前后径变长发出低沉的男声，女生喉部前后径较小，就会发出尖细的女声。就像一些乐器，管径小的声音就尖细些，管径粗的声音就浑厚些，道理都是相通的。"

关于喉结这件事

我可以对自己说：

- "原来这就是喉结啊，哈哈，我的声音果然也慢慢变得更像成年男人了呢！"

我可以对同学说：

- "别担心，这个'硬疙瘩'叫喉结，不是病也不是累赘，男生长大了都有的！"
- "喉结大小也要比？男生没有喉结或喉结不明显，和够不够爷们一点关系都没有！你们干脆比比谁最幼稚得了。"

我可以这样做：

- 拥抱成长，为自己有了喉结感到激动和欣喜。
- 保护好自己的喉结。

我一定不要这样做：

- 随便触摸甚至伤害他人的喉结。
- 嘲笑没有喉结或者喉结不明显的同学。

3 变成"公鸭嗓"
——男生变声期的应对方式

▶ 场景再现

小齐和小声是学校合唱团的"顶梁柱"。升入初二后,小齐发现自己的嗓音越来越沉闷沙哑,唱高音的时候总是断断续续,持续不了多久。过了一段时间,他又发现合唱团里其他几个男生也出现了类似的情况。小声却完全没有受到影响,嗓音还是和原来一样清亮高亢。眼看合唱比赛临近,这让小齐心里十分难受,他开始不愿意开口说话,总是躲着其他同学,自己一个人拼命练习。几天下来,小齐的嗓音越来越沙哑……

▶ 科学认知

变声是声音由童声变为成年人声的变化过程,是青春期的第二性征发育的变化之一。进入青春期,个体分泌的雄性激素会促使喉部发育,变声期也就随之开始。一般而言,10岁左右为变声前期,男生13~16岁、女生14~16岁进入变声中期,17~20岁为变声后期。男生进入变声期会出现声音沉闷沙哑、发声持久力差、发高音时不稳定且经常变化等现象,变声期后声音较之前会更加低沉浑厚。相比之下,女生的嗓音变化就没有那么明显。变声期是正常的生理现象,没有出现明显不适的情况下一般无须就医。但为了顺利度过变声期,应注意变声期的嗓音保健。处于变声期的青少年易受到嘲笑,也需要成年人给予一定的社会心理支持。

▶ 常见误解

1. 所有男生经历变声期后，声音都会变得低沉浑厚？不！ 在患有特发性低促性腺激素性性腺功能减退的男生中，由于促性腺激素分泌减少，性腺发育不全，喉部没有发生男性化，于是其声音保留了类似于青春期前男生的声音特征。但这样的情况可能导致他们受到来自他人的嘲笑，产生一系列社会心理问题。因此，一方面，需要加强性教育，帮助青少年更好地认识和应对青春期变化，另一方面，患有此病的男生也可以前往正规医院，通过雄性激素治疗来逆转。

2. 变声期必须饮食清淡吗？不一定！ 变声期并没有什么特别的饮食禁忌，但是要注意饮食适度。口味过重的，温度不合适的东西，如太咸、太辣、太凉、太烫的食物，其实什么时候都不建议吃太多，变声期也一样。当然，每个人的饮食习惯不同。如果所在地区的饮食传统就是偏辣的，所在家庭就是习惯吃重口味的，也没必要非要求自己改吃清淡饮食，只需要稍加注意，不要过分、过量。毕竟饮食太过刺激，更容易刺激嗓子。

3. 变声期不能参与任何声乐训练？可以的！ 并不是完全不能参与，但一定要进行科学的嗓音训练，一般不急于定声部。最好在变声期顺利完成，喉体及声带发育成熟后，再确定声部，逐渐建立科学的发声习惯。特别要注意的是，当变声期撞上升学压力，青少年可能存在过度练声的情况。千万要调整好心态，适当地控制用嗓时间，保护好声带是最重要的！一定要加强变声期的嗓音保护，避免不良的发声习惯伤害声带。

▶ **场景续写**

在小齐又一次偷偷练习的时候,音乐老师发现了,赶紧制止了他:"小齐,你这是进入变声期了,可千万不能过度用嗓。保护好嗓子,顺利度过变声期,以后才能继续做你最爱的事情——唱歌呀!"

"那在变声期要怎么做才能保护好嗓子呢?"小齐问道。

"最重要的就是千万别大喊大叫或过度练声。"音乐老师解释道,"大家都会经历变声期,所以不要害怕,如果有什么困惑,一定要及时和父母、老师、朋友交流。"

"老师,老师!那我怎么还没有进入变声期呢?"听到这儿,小声有点着急了。

音乐老师安慰道:"进入变声期的时间有早有晚,变声期的表现也因人而异,不要着急,但是可以期待一下!这可是你们成长的标志之一。"

关于变声这件事

我可以对自己说:

- "跟我的童声说再见吧!男低音也很酷啊!"
- "变声期有早有晚,该来的总会来。保护好嗓子最重要。"

我可以对同学说：

- "你觉得我的声音很搞笑，我还觉得你的声音很搞笑呢。可我笑你了吗？每个人的声音都独一无二，大家要彼此尊重。你不尊重我，是你的错。"

我可以对老师说：

- "老师，我进入变声期了。为了保护嗓子，我可能就唱不了高声部了，还请您能够理解！"

我可以这样做：

- 保护好自己的嗓子，避免用嗓过度，顺利度过变声期。
- 接受变化，保持耐心，爱自己独一无二的声音。
- 尊重不同人在这一时期表现出的不同嗓音。
- 进行声乐训练时，采用科学的发声方式。

我一定不要这样做：

- 嘲笑处于变声期或者进入变声期较晚的同学。
- 对自己的声音感到自卑，甚至不敢说话，不敢唱歌。
- 在变声期频繁地大喊大叫。
- 无节制地进食刺激性食物。

4 身体的卫生死角，我却不知道
——阴茎的清洁与护理

第1章 天啊，我这个身体怎么了

▶ 场景再现

最近几天,小包总觉得自己身上有股奇怪的臭味,特别是每次换裤子的时候,味道尤其明显。"是不是最近换内裤不够勤?还是内裤没洗干净?"小包一边想,一边又给自己换上了一条新内裤,可味道还是丝毫没有减轻。

又过了几天,小包总觉得自己的龟头瘙痒,还有隐隐的刺痛。他去卫生间脱下内裤一看,发现阴茎顶端已经红肿了。小包吓坏了,赶紧跑到了学校医务室。

"老师,您快帮我看看,我这是怎么了啊……"小包哭丧着脸,焦急地等待着校医的诊断。

▶ 科学认知

包皮是指包着阴茎头的皮肤。男生小的时候包皮将阴茎裹得比较紧,不易把包皮翻上去。随着年龄增长,包皮会逐渐松弛并能够上翻。阴茎包皮的内层有一些细小的腺体——包皮腺,它的分泌物、脱落的上皮混合了尿垢会形成松软的、豆腐渣样的包皮垢。包皮垢在包皮下聚集形成,会产生特殊的气味,积少成多后就容易发臭,还会滋生细菌,导致炎症和其他疾病。因此男生一定要勤洗阴茎,清洗时要记得将包皮翻上去,彻底清洗掉包皮垢。但不要太用力伤到阴茎!

▶ 常见误解

1. 每个男生都要去割包皮？不！ 正常情况下，包皮可以轻易被翻上去，但如果包皮过长或过紧，不能轻易上翻露出阴茎头，就会出现包茎的现象。包茎不仅会造成排尿困难，还容易诱发包皮垢堆积，导致慢性炎症。这时就需要前往正规医院，通过一种叫作包皮环切术的外科手术，将包在龟头上的包皮割去。

2. 男生不需要每天换洗内裤？不！ 条件允许的话，内裤一定要每天换洗。清洗内裤的用具要专人专用，不要和其他衣物混洗，最好用专门的内衣清洗剂。清洗后的内裤要在阳光下晾晒消毒。

▶ 场景续写

"你这是包皮垢堆积导致的炎症！"校医戴着手套检查后，诊断道，"我问你，你会将包皮翻上去，用温水清洗阴茎吗？"

"包皮垢？发炎？清洗阴茎？"小包听得云里雾里，"老师，我每天都洗澡的，但是，清洗阴茎还需要将包皮翻上去吗？"

"当然了！"校医轻轻将小包的包皮翻上去，露出里面松软的、豆腐渣样的包皮垢，"这就是包皮垢，包皮垢积少成多，会形成特殊的臭味，如果长时间不清洗，就会导致炎症或者其他疾病。"

"谢谢老师，我记住了，以后一定会每天认真清洗！"小包道过谢，拿着校医开的药离开了医务室。

关于包皮垢这件事

我会这样对自己说：

- "不要以为没人看得见就不用洗干净。藏污纳垢往往是疾病的开始！"
- "好像包皮翻不下去，还又痒又疼。不能忍着，要告诉爸爸，带我去看医生！"

我可以这样做：

- 在包皮过长或过紧的时候及时去看医生，必要的时候接受包皮环切手术。
- 洗澡的时候将包皮翻下去，用温水清洗阴茎。
- 阴茎感到不适的时候及时就医。

我一定不要这样做：

- 好几天才换一次内裤，或者攒很多脏内裤长期不洗。
- 洗完内裤不管它，任由其慢慢干。
- 包皮翻不下去时强行翻。
- 穿过紧的内裤，或透气性不良的内裤。
- 用酸碱度不适宜的洗涤剂清洗龟头。
- 洗澡的时候敷衍了事，沾湿了就行。
- 因为害羞，阴茎不舒服也不告诉家长，不去就医。

5 丁丁长歪了

——对阴茎发育和外形的科学认知

第 1 章 天啊，我这个身体怎么了

87

▶ 场景再现

周末,小策和爸爸妈妈相约一起去市郊泡温泉。换衣服的时候,小策悄悄拉过爸爸,支支吾吾地问道:"爸爸,我最近发现自己的阴茎总是偏向右侧,没有居中,这是为什么呢?我是不是长歪了……"

爸爸没忍住,扑哧一声笑出来:"真不愧是我儿子。我像你这么大的时候,总觉得自己的阴茎比你大伯小。我当时可委屈了,就问你爷爷,'为什么我的阴茎没有大哥的大啊?'"

"那爷爷怎么说?"小策好奇地问道,"爸爸,您快告诉我呀!"

▶ 科学认知

步入青春期,男生的阴茎和睾丸在性激素的作用下会快速生长。阴茎会变长、变粗,颜色变得更深。阴囊的皮肤会变薄、起皱,颜色加深。睾丸离腹部也会更远。需要注意的是,每个男生阴茎的大小、形态都不尽相同,阴茎偏向一侧或略微向上、向下,也是自然现象。另外,两个睾丸的位置也并不都是水平的,大小也不是一模一样的,只要差别不太大,这都是正常的现象。阴茎发育开始的时间存在先后差异,但只要正常发育,就是健康的。

▶ 常见误解

1. 我的阴茎好短,是不是有问题? 不!男生阴茎长度因体格、身高、发育等各有不同。数据显示，我国青少年发育成熟后阴茎在勃起时长度在 7～12 厘米之间，还有部分人在 5～7 厘米或 12～18 厘米之间。无论阴茎大小，只要在正常范围内，都是不会影响性功能和生育能力的！

2. 阴茎是隐私部位，所以有疑惑也不能寻求帮助？ 不！男生进入青春期后，阴茎开始发育，关于阴茎的困惑也会随之出现，比如，阴茎大小、长短、粗细与别人不一样，阴茎总是偏向一侧等，出现这些困惑都是正常的。大家可以主动和父母、校医交流，多从正规渠道学习性健康知识，解答自己的疑惑。

▶ 场景续写

"其实啊，当时你爷爷也没说啥，说等我长大就好了。后来还是上大学以后我自己从书上看到的。"爸爸摸着下巴回忆道，"进入青春期之后，每个男生的阴茎都会开始发育，但阴茎的大小、长短、粗细其实都是因人而异的。而且当时我的阴茎本来就还在发育，你大伯大我 8 岁，早就发育完了，自然比我大。"

"至于你的问题呢，"爸爸想了想，对小策解释道，"每个男生阴茎的外形都不一样，阴茎不居中是很常见的现象，有的偏左，有的偏右，不用担心！"

"谢谢爸爸，我明白了！我们快去泡温泉吧，妈妈说不定已经在等我们了。"

关于阴茎这件事

我可以对自己说：

- "阴茎大小、形态每个人不一样，是正常的，阴茎不笔直也不是什么奇事，不用为了这点小事忧心忡忡！"

我可以对家长说：

- "爸爸，我感觉我的阴茎有点小，还有点歪，您帮我看看是不是有问题？"

我可以这样做：

- 关注阴茎的健康状况，如有不适，及时就医。
- 在私密场所询问家长与阴茎有关的问题。

我一定不要这样做：

- 在公共场所公开谈论与自己或他人的阴茎有关的话题。
- 为自己阴茎的大小、形态而过分担忧。
- 为了让自己的阴茎外观更加符合理想，自行对其施加影响。

6 我这是又开始尿床了吗

——对遗精的科学认知

第 1 章 天啊，我这个身体怎么了

▶ 场景再现

早上起床，小京掀起自己的被子看了一眼，又猛地盖上……真是没办法接受现实。谁能想到，十三岁的他，居然"尿床"了！

早上被闹钟叫醒的时候，小京迷迷糊糊觉得自己的内裤湿漉漉的，随手一摸竟然还有白色的、果冻一样的黏液。这是什么东西？我这是怎么了？小京的脑袋里充满了疑惑。

眼看上学的时间到了，爸爸敲了敲小京的房门，催促他赶紧起床洗漱。小京一把将自己蒙进被子里："走开！"

▶ 科学认知

遗精是指在非性交或自慰的情况下产生的射精。男生首次遗精一般发生在12~18岁之间，是正常的生理现象。首次遗精也被认为是青春期性发育的重要标志，也意味着男生开始具备使一位正常排卵的女性怀孕的能力。男生进入青春期，在激素分泌的影响之下，睾丸中会有许多精子。精子通过输卵管进行运输，在运输的过程中会混合从前列腺等腺体中分泌的液体，形成精液。精液从尿道口中流出，就出现了遗精的现象。

当遗精发生在睡梦中，称为梦遗；当遗精发生在清醒状态下，称为滑精。需要注意的是，如果遗精频率过高（如连续几周每周2次以上），且伴有精神萎靡不振、头昏乏力等现象，就需要主动寻求治疗。

▶ **常见误解**

1. **遗精是非常羞耻的事？** 不！要牢记，遗精是正常的生理现象，是自发的、不受人意识控制的。千万不要觉得遗精是思想不纯洁、道德败坏的表现，不要给自己不必要的思想压力。另外，遗精不是一种疾病，不需要治疗。

2. **遗精会耗损"元气"，导致身体虚弱？** 不！完全没必要担心。精液唯一的生理功能就是射出后使卵子受孕。而遗精在某种程度上可以解除体内积累的性紧张，促进生理上的平衡。每次遗精流出体外的精液只占每天产生精液量的很少一部分，甚至更少，丢失这么一点点液体根本不会对人体健康造成任何伤害。

▶ **场景续写**

在征得小京的同意后，爸爸走进了房间。小京支支吾吾地和他说了事情的经过。爸爸听了哭笑不得，拍拍小京的肩膀道："儿子，别怕，这叫遗精。恭喜你进入青春期啦！"

随后，爸爸将还窝在床上的小京拉起来，递给他几张纸巾说："遗精对于男生来讲是很正常的，但是一定要注意卫生。遗精后要及时擦拭精液，以免浸湿被褥。之后要去厕所小便，及时排出残留在尿道里的少量精液。再用清水清洗外生殖器官，以保持外生殖器官的清洁，并换上干净的内裤。"看小京完成了清洁，爸爸指了指换下的内裤说道："换下的内裤也要及时清洗，并把内裤里层朝外放在阳光下晾晒啊。"

妈妈闻声而来，补充道："遗精是自然现象，但也要防止频繁遗精对身体造成伤害。平时如果生殖器官局部发炎要及时就医，睡醒后要及时起床。记得不要穿太紧的衣裤，别用脏手玩弄生殖器官！好啦好啦，抓紧时间吧，上学要迟到了！"

关于遗精这件事

我可以对自己说：

- "别害怕，也不用不好意思，这是每个男生进入青春期后都会经历的事！"

我可以对家长说：

- "爸爸，我好像遗精了。可以请你教教我需要注意什么吗？"

我可以对同学说：

- "遗精是成长的标志，一点都不羞耻，也不会'损耗元气'。请你们相信科学，不要乱说！也不要在学校扎堆聊这件事。"

我可以这样做：

- 保持冷静，遗精后及时擦拭精液，以免浸湿被褥。
- 遗精后去厕所小便，及时排出残留在尿道里的少量精液。
- 遗精后用清水清洗外生殖器官，保持外生殖器官的清洁，并换上干净的内裤。
- 及时清洗换下的内裤，并把内裤里层朝外放在阳光下晾晒。

我一定不要这样做：

- 忽视过于频繁的遗精。
- 将遗精赋予道德含义，怀疑自己的思想与品行。
- 遗精后不进行清洁工作，不换内裤。
- 因为害羞而在生殖器官局部发炎时不去就医。
- 穿太紧的衣裤。
- 用脏手玩弄生殖器官。

7 "小帐篷"支起来了
——对阴茎勃起的科学认知

▶ 场景再现

伴随着窗外响亮的起床号,正在军训的小殷坐在宿舍床上,一脸"生无可恋"地看着自己被顶得像个"小帐篷"一样的内裤。

"小殷快点,早操要开始了,一会儿迟到又要被记名字了!"在室友一声声的催促下,小殷只得套上宽松的校服裤子,翻身下了床。站在队列中,小殷依然是满脸难言的尴尬,只能用手插兜,让阴茎贴着身体,尽量不那么显眼。

▶ 科学认知

阴茎勃起,就是指男生的阴茎变得坚硬挺立。阴茎勃起是一种从婴儿时期起就会出现的现象,到了青春期,勃起会更加频繁。勃起不一定有原因,但当男生产生性幻想、做性梦或身体一些敏感部位被抚触时,或者受到惊吓、面临压力时,都可能出现勃起。勃起并不总是导致或引发射精。许多勃起现象会自行消退。

男生的阴茎在早晨无意识状态下不受情景、动作、思维的控制而自然勃起,就是清晨勃起,简称晨勃。这是一种正常的生理现象,但并不是每天都会发生。晨勃是男生在放松的状态下,动脉扩张引起阴茎供血增加,以及膀胱胀满刺激膀胱和前列腺之间的神经导致的。

晨勃以后,阴茎硬硬的不舒服,穿裤子还很尴尬,怎么办?

可以通过喝点温水、排大小便、用温水清洗阴茎、分散注意力等方法，来使阴茎解除勃起状态。平时穿的内裤也要合身，不要太紧。

▶ **常见误解**

1. **晨勃是因为白天胡思乱想了？** 不是！男生在青春期的时候，身体往往能量充沛，再加上现在大家饮食营养也都比较丰富，所以男生晨勃是很正常的，并不代表他头天就胡思乱想了，或者思想滑坡了，想谈恋爱了……晨勃只是青春期身体的自然现象。

2. **没有晨勃就是勃起障碍？** 不一定！男生每天的身体情况不一样，晨勃也不一定每天都有。比如有时候体育课太累了，或者因为肠胃炎好几天没正经吃饭，等等，都可能导致晨勃没有按时出现，但这并不代表性功能出现了问题。

3. **晨勃是正常现象所以无须关注？** 需要关注！晨勃虽然是正常的生理现象，但如果有异常也要引起重视。比如勃起后无论用什么办法都无法再软下去，或者晨勃后疼痛难忍，或者连续很长时间都再没有过晨勃，就需要跟家长反映，必要时去医院就医。

▶ **场景续写**

小殷经过深思熟虑，走进了学校的心理咨询室。他把晨勃给自己带来的困惑告诉了心理老师。

"谢谢你愿意把自己的苦恼告诉老师。"心理老师给了小殷一个大大的拥抱,"不要担心,阴茎在清醒之前变硬、挺立,都是正常的现象。阴茎变硬、挺立不利于小便,不用紧张,稍等片刻,阴茎松弛、疲软后,就可以正常小便了。"

小殷点点头,心理老师接着说道:"早上不妨试着早点起床,给阴茎一些放松的时间。你看像现在卡点起床,阴茎完全来不及松弛下去,像个小帐篷一样支着裤子,你还焦躁不安,它不就更难松弛了吗?"

关于晨勃这件事

我可以对自己说:

- "这只是正常的生理现象,不要紧张。上个厕所分散精力,很快就会下去的!"

我可以这样做:

- 试着早点起床,给阴茎留出一些放松的时间。
- 穿相对宽松的衣裤,盖轻一些的被子。
- 放松心态,上厕所、洗漱、吃早饭,很快就会好的!

我一定不要这样做:

- 在阴茎松弛、疲软前强行排尿。
- 通过用手按压、穿紧身内外裤等方式强行压制勃起的阴茎。
- 同学遇到了同样的问题向你倾诉时，拿他取乐。
- 在公众场合公开谈论这件事。

第 2 章

是时候来聊聊"性"了

1 有件事让我快乐又负罪
——对自慰的科学认知

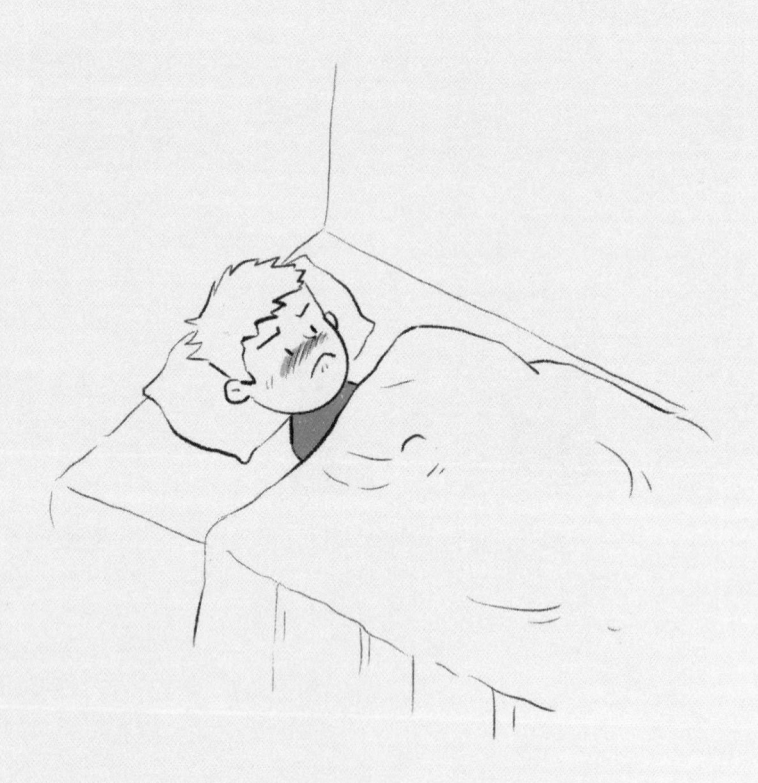

▶ 场景再现

小卫在床上翻来覆去睡不着,他感觉自己浑身燥热,体内涌起一股莫名的冲动,不知不觉又把手伸向自己的阴茎抚弄起来。做这种事时,他的内心总是会生出一种内疚感和罪恶感,所以动作有些犹豫,然而想停手却控制不住。随着手上的动作逐渐加快,他体验到一种无法言表的愉悦和酣畅淋漓的痛快。但是小卫却不能尽情地享受这份快乐,因为他感觉自己在做一件非常恶心的事,他正在失去对自己的自控力。小卫难以接受一向优秀的自己做出这样的事,内心被无端产生的焦虑充斥着……

▶ 科学认知

进入青春期,有些青少年会通过摩擦、抚弄等方式刺激生殖器官,以获得舒适感,这就是自慰。男生自慰大多是用手握住并上下抽动刺激阴茎,提升性兴奋感,最终身体产生愉悦并完成射精;女生大多会用手指轻揉、按摩阴蒂,随着性兴奋感的提升,阴道出现湿滑的分泌物。一般来讲,不论男生还是女生,到达性高潮时都会感到全身肌肉紧张,进而放松,最后达到性满足。

事实上,当胎儿还在妈妈肚子里的时候就已经出现了类似自慰的行为,婴幼儿也会通过触摸自己的生殖器官来更好地认识自己的身体。

自慰是一种正常的现象,但不是每个人都对此有需求,这也跟人的道德高低、品行好坏无关,不需要对自慰进行价值判断。

不论是否选择自慰，都是正常的。

特别要注意的是，自慰是私密行为，自慰时要注意选择私密、安全的场所，并且保证手部卫生，不要把不干净、不安全的物品放入阴道或尿道！

▶ **常见误解**

1. 做个好学生一定要戒除自慰吗？这两件事不相关！ 一般情况下，只要自慰的方式健康且安全，就不会伤害你的身体。另外，在心理方面，只要科学地看待自慰，注重自慰时的隐私保护，也就不会产生过大的精神压力了。所以，成为一个好学生跟自慰之间，没有相关性，大家就心无旁骛地好好学习吧！自慰这件事，没必要要求自己强行戒除，毕竟，越告诉自己"不要想"一件事反而"越会去想"。

2. 自慰的正确频率是多久一次？没有标准答案！ 人的身体条件不一样，自慰的频率也没有"正确"与否之说。对于自慰，没有统一的标准来衡量是否"过度"，一般认为只要不影响正常的学习和生活，就完全没有问题。无论男生还是女生，自慰时产生的体液主要成分都是水，所以大部分情况下，自慰并不会对身体造成任何伤害。顺便提一句，中国传统医学认为，精液是人体精华，自慰过多会导致肾精亏损、肾气不足，引发阳痿。所以，对自慰的态度，既没必要"坚决戒除"，也不要"沉迷其中，随时随地"。

3. 自慰是不道德的？这种说法是不对的！ 自慰是正常的行为。有研究表明，人类早在婴儿阶段就有男婴抚弄阴茎，女婴摩擦外阴的现象，这是幼儿探索身体的重要途径。所以，自慰只跟我们物理的身体有关，而跟我们的思想道德无关。

4. 自慰后无须进行处理？应正确处理！ 自慰前后都要保持干净卫生。自慰前，一定要洗手，指甲不能过长或有尖锐棱角，可以多准备些干净的纸巾或毛巾。自慰后，及时将精液或阴道分泌物擦拭干净，避免弄脏内裤、床单或被褥。条件允许的话洗个澡最好。如果不小心弄脏了衣物，一定要记得及时清洗、晾晒哦！

▶ 场景续写

一次偶然的机会，小卫走进了学校的心理咨询室，向心理老师诉说了内心的苦闷。

"小卫，谢谢你与我分享你的困惑。老师想告诉你的是，自慰是一种非常正常的行为，很多人都会这样做，这并不代表你的道德出了问题。所以，千万不要因为这个给自己太大的心理压力，这样反而会对自己造成消极的影响。"

听了老师的话，小卫点点头："那么老师，我需要注意些什么吗？"

"在自慰的时候一定要保持手部的清洁，不要往身体的孔洞中放异物，自慰后要擦拭干净，这些都是要注意的。"老师想了想，补充道，"还有啊，自慰的时候一定要保护好自己的隐私！"

"谢谢老师，我明白了！"

关于自慰这件事

我可以对自己说：

- "自慰是正常的，不要因此觉得自己变坏了。但一定要记得，这是一种私密行为，千万不要在公共场合去做或谈论！"

我可以对同学说：

- "谢谢你信任我，和我分享你的苦恼。自慰并不肮脏，别给自己太大压力，但一定要记得保持清洁和保护隐私！"

我可以对家长说：

- "爸爸妈妈，请你们不要激动！我已经进入青春期，自慰是正常的现象，不是我变坏了。我会注意自慰时的隐私，也不会因此影响学习，而且，希望你们之后进我的房间前能先敲门。"

我可以这样做:

- 在自慰前洗净双手,确保卫生。
- 在自慰时选择私密场所,例如家中的卫生间或自己的卧室,并且锁好门。
- 在进行自慰后做好清洁工作。

我一定不要这样做:

- 在公共场所与人谈论与自慰有关的话题,或进行自慰。
- 随意向身体的孔洞中塞东西。
- 用脏手触摸生殖器官。

2 月经迟迟不来,是不是怀孕了

——对怀孕与避孕的科学认知

▶ 场景再现

小绵发现好闺密小芸一脸阴霾,心事重重。下课后,小绵本想去问问小芸,却被她一把拉进了女厕所。两人躲进了隔间,小芸才吞吞吐吐地说道:"小绵,我的月经已经推迟了5天了,会不会是怀孕了?"

"啊?"小绵一脸惊诧,"你怎么可能会怀孕?你有男朋友了?你们发生性关系了?"

这下轮到小芸一脸惊诧了:"男朋友?性关系?我没有啊……这都哪儿跟哪儿啊!到底怎么样才会怀孕?"

▶ 科学认知

进入青春期后,男生开始产生精子,女生开始排出卵子,大家从生理上讲就已经具备了孕育新生命的能力。此后如果发生性交行为,男性的阴茎插入女性的阴道,男性射精后成千上万的精子就会随着精液一起进入阴道。若此时女性身体中恰好有成熟的卵细胞排出,两者在输卵管相遇后就会结合形成受精卵。受精卵会逐渐进行细胞分裂,并慢慢向子宫方向移动,最终在子宫内膜上找到一个合适的地方安家,也就是受精卵着床。从此受精卵开始慢慢发育成长为胎儿。

如果发生了性行为,下次月经超期一周还没来,早早孕试纸有可能测出是否怀孕。早早孕试纸是检测尿液里的人绒毛膜促性腺激素(HCG)的一种试纸。HCG这个东西除了一些病理原因,一般是怀孕之后身体里才会大量存在的。

早早孕试纸有两条线，一条C线（对照线），一条T线（测试线），当试纸吸取中段尿液后，如果试纸是有效的，C线会逐渐变红。T线如果也有颜色呈现，包括深红、浅红、灰色，都是阳性反应（强阳或弱阳），意味着很可能已经怀孕，需要到医院产科进行就诊确认。

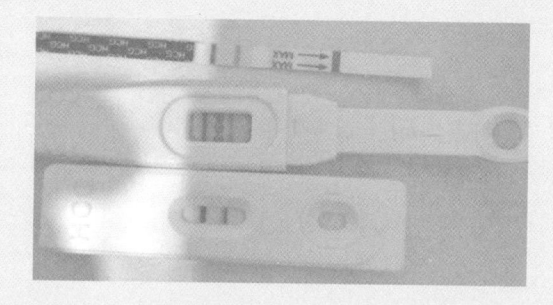

整体来讲，当女生月经初潮、男生首次遗精后，如果发生了无保护的性交行为，女生就有可能怀孕。所以预防非意愿怀孕最可靠、最有效的方法就是不发生性交行为，因为没有哪种避孕方法是100%有效的。除此以外，若选择其他避孕方法，则需要从可获得性、安全性，以及性行为双方的可接受度方面进行综合考虑和选择。常用的避孕方法包括安全套（男用、女用）、避孕药（长效、短效、紧急）、宫内节育器、皮下埋植等。

▶ **常见误解**

1. 体外射精就不会怀孕？不可靠！ 体外射精即在射精前抽出阴茎，避免将精液射入阴道内。虽然这种方法存在已久，但从科学避孕的角度来看极不可靠。在性交的整个过程中，并不是所有的精子都会在高潮射精时才释放出来,射精前所释放的分泌物中也含有精子。也就是说,即使男方很好地完成了体外射精,女方也仍有可能怀孕。

2. 算好安全期就能实现避孕?不一定! 通过一些方法能够计算月经周期中最容易受孕的是哪几天,不容易受孕的是哪几天,由此来确定在哪几天避免发生性交行为。这从理论上是可行的,但问题在于确定安全期需要女生密切关注自身的生理变化,并通过科学的方法进行严谨的计算,因此实际操作起来很难把握和控制,而且这种方法也无法预防艾滋病及其他性传播疾病。所以,不建议采用这种避孕方式。

3. 紧急避孕药是完美的避孕方法?不! 紧急避孕药是在性交行为发生后采取的避免非意愿怀孕的紧急措施,但并不是常规的避孕方式,多次使用可能会影响月经周期和生育能力。所以紧急避孕药只能作为临时的补救措施,不宜反复使用,且不保证服用紧急避孕药后一定能防止怀孕。

▶ **场景续写**

"你没有男朋友,更没有性行为,怎么可能怀孕呢?"小绵分析道,"应该只是月经推迟了。"

"可我记得,电视上说,月经停止是怀孕的征兆……"小芸还没说完,就被小绵打断了。"那是结了婚的人吧,或者情侣。有怀孕能力的男生女生,发生性交行为才有可能怀孕。"

"真的吗?你怎么知道的?"

"我读了性教育的书啊!你读了你也会知道,最好的避孕方法就是不发生性行为,一定要记住哦!"

"嗯嗯,我记住了!"

"书上还讲了其他几种避孕方法，回头我拿给你看。"

"啊，太好了！谢谢你！"

关于怀孕这件事

我可以对自己说：

- "不要整天以讹传讹，什么去游泳池游泳会怀孕，坐男生坐过的椅子会怀孕……全是谣言！不发生性行为才是最好的避孕方式！"

我可以这样做：

- 对自己负责，对事有主见，不发生性行为。
- 学习并了解正确的避孕方式。
- 从权威渠道获取性知识，了解早孕的检测方法，必要时及时就医。

我一定不要这样做：

- 靠体外射精、安全期避孕或事后服用紧急避孕药来避孕。
- 长期服用紧急避孕药避孕。
- 怀疑自己怀孕后，不告诉任何人，自己去小诊所处理。

3 只要相爱，做什么都可以吗
——对性行为的认知

▶ 场景再现

初二年级的女生小月跟同桌的男同学小易关系非常好，慢慢地，两人开始成了情侣，甚至觉得对方就是自己未来的人生伴侣。有一天放学，两人路过一家宾馆时，小易说："我看小说里的情侣感情特别好都会去开房。我们也来试一试吧？"

小月一听，有点儿不明白。"什么是……开房？什么房？"

"开房就是，做那种事。"

"做……什么事？"

"就是……发生……性关系……"

这让小月的心跳骤然加快。在理智上，她觉得这样做不合适，但又不知道该如何拒绝。这可怎么办？

▶ 科学认知

发生性关系这件事，有很多委婉的说法，比如上床、开房、一起过夜、一起睡觉、做羞羞的事、亲热、做爱……但无论它的名字听起来多么轻描淡写，实际上它都是一件重大而有深远影响的事情，绝不像影视作品里描绘的那么简单。

中学阶段，随着青春期的到来，男生女生身体的性发育启动，激素水平变化较大，所以很多人都会体验到情窦初开、性能量激增，但是如果把男女关系轻易提升到性关系这个层面，则可能要面对如下问题：

1. 发生性关系这件事，往往只有零次和无数次。 两个人只要偷吃了这颗"禁果"，大概率每天无时无刻脑子里都会想这件事，从而导致精神无法集中。中学阶段，男生女生的学业压力都很大，期中、期末考试自不用说，还要跨过中考、高考的重要关口。如果学习因此受影响，人生轨迹因此改变，也会恶化两人的关系，最终导致学业、感情两头空，在人生最美好的阶段，一地鸡毛，空留遗憾。

2. 没有什么避孕手段是可以 100% 避免怀孕的。因此，只要发生了性关系，就有可能怀孕。而在中学阶段，男生女生的心理和生理都尚未发育成熟。一旦怀孕，就要面临是去做流产还是把孩子生下来的艰难选择，而无论怎么选，都将对当事人的心理和生理造成重大冲击，很多人的人生轨迹甚至都会因此而改变。不仅如此，流产和生产还会影响双方的家庭，产生社会舆论，甚至导致双方面临巨大的精神压力。

3. 中学生发生性关系还可能触犯法律。根据我国最新修订的《刑法》规定，行为人明知对方是不满十四周岁的女童而与其发生性关系，不论幼女是否自愿，均应依照刑法的规定，以强奸罪定罪处罚。

因此，之所以把婚前性关系称为"禁果"，是有原因的。尤其在中学阶段，不发生性关系，才能最大限度地保护情窦初开阶段美好的男女之情，才能尽量不影响人生重要阶段的关键几步。

人生很长，然而最重要的节点就那么几步。大家在这些节点上，千万要踩对、踩稳，做出对自己负责任的决策。

那如果自己喜欢的人提出了性要求，该如何拒绝呢？

可以把以上几点内容说给对方听，并且为了不伤害对方，需要说清楚两点：其一，性只是爱的诸多表达方式中的一种，并不是爱与不爱的衡量标准。其二，我不是嫌弃你或者不喜欢你，更不是喜欢上了别人。我们在现阶段更应该做的，是一起努力考上好高中、好大学，甚至同一所大学，这样才是对彼此负责的决定，

115

才能让我们的人生更美好,感情更健康。

有的女同学可能会比较害羞,认为当面拒绝别人很难开口,而且也不忍心,于是就沉默应对。殊不知,别人很可能将你的沉默视作默许,而从法律层面来说,愿意和不愿意都有明确的界定,"默许"这两个字在法律的眼中并不含有"许可"的意思。

另外,也不要轻易把这件事跟同学说。一旦传开,人言可畏。如果想找人倾诉,可以跟父母或者老师聊聊,必要的时候也可以去找心理咨询师。

▶ 常见误解

1. 不在婚前发生性行为是土得掉渣的思想吗? 不!很多人受到影视剧等的影响,认为偷食"禁果"只是小事一桩,甚至还把这个当成了时尚。但是看看前文就能知道,一件有诸多风险和后果的事,绝不可能是小事,更与时尚无关。性行为是事关重大的人生决策。中学生还处在心理与生理尚未成熟的阶段,这一时期的性行为无疑是容易触犯法律的高危行为,更是容易造成伤害的荆棘丛。因此,不在中学阶段发生性行为,与不在婚前发生性行为一样,不但不土,不落伍,而且是一种负责任的考量,是珍爱自己也珍爱他人的选择。

2. 拒绝了性要求,是不是就只能分手? 不是的!两个人的相处方式是由两个人共同磨合形成的。如果一个人总是提要求,另一个人总是满足要求,那他们以后的相处方式就会逐渐定型成"予取予求"的方式,并且在要求越提越高,越提越多,另一个人终于无法满足的时候,就是两人关系的终结之日。所以,如果想要避免走入这种不健康的关系,就要学会说"不"。不论是你不喜欢的食物，不喜欢的想法，还是你不喜欢的时间、地点、方式，你都要温柔而坚定地说出来。

▶ **场景续写**

小月做了个深呼吸，让自己冷静下来。她望着小易，认真地说道："小易，你想没想过，要是我们做了这件事会怎么样？这种事，有一就有二，不会只发生一次，所以长此以往，最终我们要么沉迷其中，要么很快失去新鲜感，彼此厌倦，再要么就是我怀孕，不得不面对流产还是生宝宝的艰难选择……这些会带来好多好多的麻烦。我们还要不要中考、高考了？还有爸爸妈妈怎么办？"

"可是我真的喜欢你啊！你难道不喜欢我吗？"

小月忙说："喜欢一个人，不需要用这种可能会带来无限麻烦的方式来证明！我们要是真的喜欢彼此，那我们一起考重点高中，考同一所大学，互相成全才是幸福的方向！"

这让小易说不出话来，因为他对眼前的小月肃然起敬。

关于性行为这件事

我可以对自己说：

- "你真的准备好了吗？你准备好面对随之而来的一系列风险和麻烦，并且愿意承担后果吗？如果还没有，就不要让自己后悔。"

我可以对喜欢的人说：

- "性不是爱的证明。在我们现在的年纪，它会带来沉迷、怀孕、学业荒废、身心伤害等一系列后果。我们都还小，学业这么忙，没有能力承担这么多的后果。"
- "我们要是真的喜欢彼此，那我们一起考重点高中，考同一所大学，互相成全才是幸福的方向！"

我可以这样做：

- 谨慎思考此时发生性行为的各种后果。
- 在彼此尊重的基础上进行沟通。
- 坚定而清晰地表达自己的观点。
- 表达拒绝时的态度要温柔而坚定，且前后一致。

我一定不要这样做：

- 什么都不想，跟着感觉走。
- 忽视对方的意见，强行与对方发生性行为。
- 想拒绝却不好意思拒绝，默不作声。

4 "半推半就"就是默许吗
——对性同意的科学认知

▶ 场景再现

刚刚结束了高考，小彤和小毅这对"地下情侣"终于得以"见天日"了。两人迫不及待地相约去毕业旅行。几天玩下来，两人玩得非常开心，可就在返程前一天晚上，发生了一件让小彤"不太舒服"的事。

就在两人准备休息的时候，小毅忽然从兜里掏出了一个安全套，放在了小彤面前："我们在一起这么久了，不如今晚……"

小彤一惊，不知道怎么接话。两个人虽然感情很好，但小彤不想结婚以前做这种事，而且马上要上大学了，现在还没有做好怀孕、养育新生命的准备。然而要拒绝他，自己又不知道怎么开口，怕他生气，也怕尴尬。

看小彤不说话，小毅高兴了："不吱声就是愿意。"说着，突然把小彤推倒在床上。

▶ 科学认知

性同意是所有性活动参与者明确表示自愿的性行为协议。不管是在什么环境、情况下，任何性行为都必须要取得性同意。任何没有获得性同意的性行为均属于性暴力。我国并没有明确规定性同意的年龄，但《中华人民共和国刑法》（2020修正）第二百三十六条规定，以暴力、胁迫或者其他手段强奸妇女的，处三年以上十年以下有期徒刑。奸淫不满十四周岁的幼女的，以强奸论，从重处罚。

具体来说，需要注意以下几点：

1. 性同意一定要当事人在意识清醒的前提下，用相互都可以理解的言语或行为表示出来，并且是可撤销的。

2. 如果一个人的同意是因为说"不"会导致伤害或负面后果，那这就不属于出于自愿的性同意。

3. 当一个人丧失行为能力时（包括但不限于某人具有肢体或精神上的缺陷），不能给予性同意。受毒品、酒精或药物的影响无法辨识性行为的个人，也不能给予性同意。

4. 一个人以前同意但现在不同意了，上次同意但这次不同意了，甚至刚才同意但现在不同意了，都不能与之发生性关系。

不仅是性行为，肢体接触无论是搭肩膀、亲吻还是其他什么，只要这样的行为让你觉得不舒服，就应该立即明确地说"不"。不要怕别人说你"矫情"或"小气"，**任何人都不可以在违背你意愿的情况下以任何方式触碰你身体的任何部位**。

最后，一定要记得，如果他真的爱你，就不会强迫你发生任何你不愿意的性行为！同样，如果你真的爱一个人，也一定不要强迫他去做任何他不愿意的事。

▶ **常见误解**

1. 不同意发生性行为，就是不爱他？ 不！性不是爱唯一的证明和标准。即使不同意性行为，仍然可以保持亲密的关系，仍有许多表达爱的途径和方式。无论是与新伴侣还是长期的恋人，在任何类型的性行为中，发起方都必须取得对方同意。任何人都有同意或拒绝的权利，也应当尊重他人的决定。任何未经同意的性行为均为性暴力。

2. **没有反抗就是同意？不！**并不是对方没有反抗或明确拒绝就是同意，只有当对方在整个过程中，在言语上、肢体上都表示同意，这才算是真的同意。这个同意必须由当事人做决定，不可以由他人代替。不论如何询问，发起方一定要确保对方理解自己的意思，而且绝对不可以不问！

3. **答应一起逛街、看电影、吃饭，就等于答应了发生性关系？不！**很多社会新闻里都有类似的案例，女方答应跟男方一起看电影、吃饭、购物，男方就以为女方已经默认了可以发生性关系，但其实女方是不同意的，于是直接导致了法律纠纷甚至强奸案的发生。由此可见，性同意是不存在"默许"的，没有得到性同意而发生性关系，就有可能带来法律诉讼。另外，不论男生还是女生，都不要轻易接受对方的财物，在感觉事情朝着自己不想要的方向发展时，要及时、明确地拒绝。

▶ 场景续写

"不行！"小彤看着小毅的眼睛，认真地说道："小毅，我不想做这种事。"

"什么？真的吗？你别紧张，要不我去买点酒咱俩先喝点儿？"

"我不喝酒。"

"你不爱我吗？别人都说，只要爱对方，就一定会愿意的。"

"这是谁规定的？性不是爱的标准！"

"别人都可以，为什么我们不行？"

"住手吧。你再继续就犯法了。"

这下终于把小毅给镇住了。他结结巴巴地说:"这……怎么是犯法?"

"我不愿意。你要是勉强我,就是违法!"

"啊?"小毅连忙站起来,往后退了几步。"我错了,我真的不知道……"

关于性同意这件事

我可以对自己说:

- "中学阶段不要做这种事。把握今天的人,才能把握未来。"
- "不愿意,一定要明确地说出来,不要让人猜,更不要委屈自己!"
- 学会拒绝。

我可以对同学说:

- "你们不要瞎传了!现实生活不是影视剧。女生不清醒、受胁迫、沉默、不反抗、一直很喜欢你……都不代表你就能直接对她做那种事!"

我可以这样做：

- 不发生性行为。
- 了解性同意的重要性并了解其具体含义。
- 与女同学的交往要注意尺度，不臆测女生的性意向，不向女生发出性邀请。
- 在不同意与对方发生性行为时，明确且坚定地表达拒绝。

我一定不要这样做：

- 将沉默或不反抗与同意画等号！
- 以爱为要挟，强迫他人发生性行为。
- 为了让对方满意而发生性行为。

5 人流，真的无痛无伤害吗
——对人工流产的科学认知

▶ 场景再现

周末,小柳和爸爸妈妈一起去逛超市,忽然她盯着购物车上贴的一张小广告目不转睛地看了起来。见小柳看得那么专注,爸爸也凑过去看了一下,只见置物隔板上赫然贴着一张色彩缤纷的小广告,上面印着一位怀孕的女性,旁边十二个大字,"无痛人流,今天手术,明天上学"。

爸爸立马转开了视线:"你这孩子,没事看这些干什么?快走吧。"

但是小柳已经看见了,嘴里忍不住嘀咕:"人流就是……人工流产?真的不会疼吗?做完了第二天就能上学?看来怀孕也没什么可怕嘛。"

爸爸听完,吓出一身冷汗。

▶ 科学认知

人工流产指采用药物或手术方法终止怀孕。药物流产一般指通过口服药物来使胎囊排出。手术分为有痛和无痛两种。有痛的主要是无麻醉和局部麻醉下进行的人工流产,过程中患者有不舒服可以随时反馈给医生;无痛人流是在全身麻醉下开展的,患者全程没有知觉,但是麻醉醒来后,还是会有疼痛的。

药物流产其实也是有痛的,因为在胎囊排出前子宫会宫缩,会产生类似痛经的疼痛。

流产手术因其毕竟是一种手术,所以是有创的,有风险的。手术流程都会包括扩张宫颈、负压吸引、刮宫等有创操作,患者会面临出血、感染，甚至羊水栓塞等风险，其生殖系统、免疫系统、精神，都将经受一场考验。反复进行人工流产，还会导致子宫内膜损伤、变薄，盆腔粘连、炎症，甚至会导致不孕，如果在消毒水平不达标的小诊所做，还有可能感染性病、艾滋病等经血液传播的传染病。

手术做完，也不可能像野广告中宣传的那样，"今天手术，明天上学"。身体在经受过手术的冲击后，根据创伤程度的不同，一般都需要休息7～30天，如果术中有严重并发症或者术后严重感染的，可能需要休息的时间还会更长。如果因手术操作不当得了传染病，那就更麻烦了。这还不包括人工流产对女性及其家庭带来的心理冲击。

另外，人工流产不只是个单纯的像切除阑尾一样的手术，它是从身体里去除一个鲜活的生命，无辜的生命。它说到底是一件令人悲伤的事，是事已如此、万不得已的无奈之举。

因此，虽然自由选择人工流产是女性的权利，但人工流产绝不像广告里说的那样轻松。中学生一定要珍惜身体，珍爱生命，避免性行为。

但是如果女生真的怀孕了，或者已经有了性行为而且怀疑自己怀孕了，请一定不要自己扛下所有，或者私自寻找解决方案。一定要勇敢、坦诚地跟父母聊聊，寻求帮助！

▶ **常见误解**

1. 有没有神不知鬼不觉，处理掉胎儿的办法？没有！ 很多悲剧的发生，都是因为不慎怀孕的青少年妈妈想要悄悄处理掉胎儿，所以才有了社会新闻中那些令人心碎的案例：把孩子生在厕所里、自行服用堕胎药导致大出血合并肝肾功能受损、去小诊所做人流手术感染 HIV、承受不住舆论压力而选择离家出走甚至轻生……

怀孕虽然会对青少年的人生产生重大影响，一定要坚决避免，但如果真的发生了，那也不是世界末日，千万不要自己一个人扛，或者逃避现实。正确的应对方式是：第一时间告知父母，去正规医院检查身体，然后积极促成男女双方及其家长共同讨论解决方案。

2. 有没有 100% 不会怀孕的方法？ 有！抛开人工辅助生殖不谈，不发生性关系就一定不会怀孕。

▶ **场景续写**

爸爸妈妈面面相觑，最终还是妈妈先开了口："现在医学进步了，人工流产的风险应该也小了很多，但要真说无痛无害，那是不可能的。痛还是会痛，对身体和心理的伤害更是一定会存在的。"

"是呀，小柳。"爸爸附和道，"尤其是对于像你这么大的女孩子，万一真的意外怀孕，要去做人工流产，对身体的伤害比成年人更大，更别提舆论的压力、精神的压力了。所以姑娘，你一定要记得，虽然在正规医疗机构做人工流产是安全可靠的，流产也是女性的权利，但人工流产应该是最后的一种补救措施，绝不是最优的选择。"

"我明白了，爸爸妈妈！"

关于人流这件事

我可以对自己说：

- "街头巷尾的野广告不能信。人工流产有痛有伤害。最重要的是，这是最后的补救，而不是最优的选择。"
- "珍惜身体，敬畏生命！"

我可以对朋友说：

- "人流不是小事，你一个人做不了这么重大的决策。我可以陪你去医院，但不能只有我，你爸妈也一定要去，一定要告诉爸爸妈妈！"
- "人流不是切阑尾，那是从身体里去除一个无辜的、鲜活的生命！所以千万别不当回事，不要发生性行为。"

如果我怀孕了，我可以对家长说：

- "爸爸妈妈，我可能怀孕了。我是个好孩子，只是一时糊涂做了错事，对不起……我现在心很乱，很害怕，很需要你们的帮助。请你们帮我出出主意，应该怎么办？"

如果需要人工流产，我可以这样做：

- 要在最佳的时间（怀孕6~8周）到正规医院进行手术或者药物流产。

我一定不要这样做：

- 因同学做了人工流产而嘲笑、孤立、歧视她。
- 轻信人工流产无痛无害的宣传。
- 在不告诉任何人的前提下独自去做人工流产。

6 去温泉、泳池、公共厕所，会感染性病吗

——性传播疾病的主要传播途径与预防

第 2 章 是时候来聊聊「性」了

131

▶ 场景再现

小冉前些天和姐姐一起去游泳馆游泳，回来后，听姐姐说她的外阴痒痒的，好像还起了密密麻麻的小水疱一样的东西。

又过了一天，姐姐和妈妈从医院回来，两人就忧心忡忡地躲在厨房聊天。那气氛让小冉不好意思靠近，但她也很担心姐姐，于是慢慢向门口靠近，想偷听几句。只听妈妈压低声音说了句"生殖器疱疹""性病"什么的，就一下子把厨房门关上了。

小冉吓坏了，心怦怦乱跳。生殖器疱疹？性病？姐姐还在上大学，还没有结婚，怎么会得这种病？难道她是前几天在游泳池感染了？天哪！自己那天不也去了？

完蛋了，我可能也……小冉腿一软，差点瘫坐在地上。

▶ 科学认知

我国2013年新修订的《性病防治管理办法》规定的性病主要包括梅毒、淋病、生殖道沙眼衣原体感染、尖锐湿疣、生殖器疱疹和艾滋病6种疾病。

性病是主要通过性行为传播的疾病，除此之外，传播途径还有：间接接触传播（接触被污染的衣服、公用物品或共用卫生器具等）、血液和血液制品传播（输入受性病病原体污染的血液或血液制品以及与受感染者共用注射用具）、母婴垂直传播（患病的母亲感染婴儿）、医源性传播（接受注射、手术等治疗时，因医疗器械被污染而导致感染）。

以上是性病在理论上的传播途径。但在现实生活中，不同感染途径的感染概率是不一样的。经性行为感染的性病患者，占所有性病患者的95%以上（曹泽毅.中华妇产科学（中册）.第3版[M].北京.人民卫生出版社.2014.）。用大白话说，就是要感染性病，大概率是需要接触足够数量的、有活性的病毒，所以临床上很少见到因为住酒店、坐公共马桶、去公共泳池游泳、去公共浴池洗澡等感染性病的患者。

可见，只要没有性行为，不共用注射器、刮胡刀，不去非正规的医疗机构接受有创治疗，感染性病的概率是很小的。所以广大中学生朋友完全没必要胡思乱想、疑神疑鬼。

另外，性病也是可防可控的。要是有性行为特别是无保护的性行为之后，怀疑自己感染了性病，一定要及时告知父母并且去正规医院诊治。

▶ **常见误解**

1. 只要是"非插入性"的性行为就不会传播性病？不！ 进行"非插入性"性行为也可能感染性病，尽管其风险可能会小于"插入性"性行为，但只要接触了带有性病病原体的体液、血液，尤其是接触时正好皮肤或黏膜有破损，也会被感染。

2. 只要戴好安全套，发生性行为时就不会感染？不！ 安全套虽然是除不发生性行为外预防性传播疾病最好的办法，但并非万无一失。因为安全套使用不当（例如佩戴方式不当，射精后继续进行性交等）或安全套质量不佳，在性交行为中途破裂，都可能会导致感染。

3. 得了"性病"的人都是生活不"检点"？不！虽然绝大部分性病都是经性行为传播，但其他途径传播的可能性也是存在的。所以不能轻易对性病患者进行道德批判。

▶ 场景续写

吃过了晚饭，小冉再也等不了了，找个姐姐上厕所的机会把姐姐堵在了卫生间，惊恐地问："姐，我都听见了。怎么办？我会不会也染上了？"

姐姐吃了一惊，但见妹妹吓得脸色都不对了，柔声说："我本来不想让你知道。既然你都听见了……还记得我跟你说的那个男同学吗？大四的那个。应该是他传染我的。"

"啊？！你们已经……"

"嗯，没想到，他有这个病。"

"你确定吗？会不会是上次游泳……"

"医生说，游泳传染的概率是很小很小的，而且，我看见，他也有疱疹。当时问他，他只说是吃鱼过敏，但现在回想起来，那种水疱跟我的很像。"

小冉脑子飞快地转着。"所以……我……"

"你应该不会被传染的，放心吧。我最近也会注意卫生，加强消杀，积极治疗。医生说，只要正规治疗，很快就会好的。另外也要请你……帮我保密。"

关于性病这件事

我可以对自己说:

- "不发生性行为,就能避免感染绝大多数的性病。平时生活不用疑神疑鬼的!"

我可以对同学说:

- "请不要将性病和'不检点'画等号,更不要随便嚼舌根,这是对他人的不尊重!"

我可以这样做:

- 保持良好的卫生习惯,了解性传播疾病的传播途径与预防措施。
- 出现疑似性传播疾病的症状时,告知家长,尽快就医。

我一定不要这样做:

- 与人进行过分亲密的身体接触。
- 发生性行为。
- 歧视性病患者。

7 和艾滋病人共处一室，我会被感染吗

——艾滋病病毒的主要传播途径与阻断措施

> **场景再现**

高考终于结束了,小甘和小涂相约一起去毕业旅行。为了节约成本,两人选择了一家青年旅社作为居住地。入住后两人发现,同屋居住的还有另外两名男生,年龄都比他们大一些,看上去二十来岁的样子,不太爱说话。两人没太在意,开开心心地玩儿了一周才回家。

回家后没几天,他们接到青旅店主的电话,说当时和他们同住的两人艾滋病病毒检测结果是阳性!小甘和小涂一下就慌了神,心想,这可怎么办,我们该不会年纪轻轻就感染艾滋病病毒了吧……

> **科学认知**

艾滋病(AIDS,全称 Acquired Immunodeficiency Syndrome,获得性免疫缺陷综合征)是一种由人类免疫缺陷病毒(HIV,Human Immunodeficiency Virus)引起的慢性的具有致命危害的疾病。HIV 攻击并破坏人体的免疫系统,特别是攻击称为 CD4 细胞的白细胞,使人体难以抵抗感染和某些癌症。当 HIV 感染进展到免疫系统严重受损的阶段,即 CD4 细胞数量降到一个非常低的水平,人体变得极易感染其他疾病或发生恶性肿瘤时,就发展为艾滋病。

切断艾滋病病毒的传播途径,是控制艾滋病病毒传播的关键措施。HIV 主要通过以下几种途径传播:

性接触。通过不安全的性行为(包括阴道性交、肛交和口交)

传播。未使用安全套的性行为会大大增加感染风险。

血液传播。通过共用注射器或针具、输入受感染的血液或血液制品也可传播 HIV。

母婴传播。感染 HIV 的母亲可以在怀孕、分娩或哺乳期间将病毒传给婴儿。

其他途径。包括器官移植、使用受污染的医疗器械等。

HIV 感染和艾滋病的症状主要有：

急性 HIV 感染期。在初次感染后的 2~4 周内，部分人可能出现类似流感的症状，如发烧、喉咙痛、皮疹、淋巴结肿大等。这被称为急性 HIV 感染或初期感染。

无症状期。急性感染后，病毒进入一个长期的潜伏期，其间患者可能没有任何症状，但病毒会在体内持续复制并逐渐破坏免疫系统。这一阶段可以持续数年。

艾滋病期。当 CD4 细胞数量降到非常低的水平，免疫系统严重受损，患者会出现严重的机会性感染和某些癌症，表现出严重的临床症状。

如果有了高危接触后，怀疑自己可能感染了 HIV，千万不要逃避现实或心存侥幸，应该采取以下步骤：

尽快进行 HIV 检测。大多数正规医院都能进行 HIV 检测，还有专门的医生来指导后期的治疗。但不是高危接触之后立刻就能检测出是否有 HIV 感染的，这就是病毒在体内的检测窗口期。不同类型的检测方法有不同的窗口期。抗体检测通常在感染后 3~12 周内可以检测到抗体；抗原/抗体组合检测通常在感染后 2~6 周可以检测到病毒抗原和抗体；核酸检测可以在感染后 10~33 天检测到病毒，但成本较高。如果检测结果为阳性，就要按医生的指导进行可能的传染链追溯，上报，并同时进行治疗。

► **常见误解**

1. 只要靠近艾滋病患者就会造成艾滋病病毒的感染？不！与艾滋病病毒感染者握手、拥抱、交谈、共同用餐、共用浴室等日常接触都不会感染艾滋病病毒。所以不要以此为借口歧视艾滋病患者。另外，被蚊虫叮咬也不会感染艾滋病病毒。

2. 感染艾滋病病毒是我的隐私，医院没资格上报？不！保密原则是艾滋病自愿咨询检测必须遵守的基本原则，未经当事人同意，不得将其姓名、检测结果和个人、家庭、工作、治疗、求助、转介等情况透露给他人。但需要注意的是，当检测结果为阳性时，须提供本人的真实姓名及身份证号，以供病情上报。另外，若性伴侣中一方检测结果为阳性，建议主动告知另一方。

3. 艾滋病是绝症，只能等死吗？不！随着医学的进步，得了艾滋病（AIDS）并不意味着一定会死亡。及时、正规的治疗，可以让 HIV 感染者过上相对正常且基本不影响正常寿命的生活。但前提一定是要第一时间到正规医疗机构寻求帮助。

► **场景续写**

两人赶紧和父母说了这件事，在父母的陪同下去了最近的医院进行艾滋病自愿咨询检测。看到结果都是阴性后，两人才稍微松了口气。可他俩还是不太放心，又去咨询了医生。

医生详细询问了他们与两人是否有体液、血液上的交换，随后安慰他们道："你们别害怕，艾滋病病毒的传播途径只有血液传播、性接触传播和母婴传播3种。抛开母婴传播不提，你们之间没有血液交换，又没有发生性行为，完全没有传播途径，肯定不会感染的，放心！"

两人这才踏实下来。仔细想想，自己可能就是太紧张了，明明之前老师还讲过，与艾滋病病毒感染者握手、拥抱、交谈、共同用餐、共用浴室等日常接触都不会感染艾滋病病毒的，怎么给忘了呢！

关于艾滋病这件事

我可以对自己说：

- "艾滋病不是绝症，早发现早治疗，医生会有办法帮助我的！"
- "不发生性行为是对自己最好的保护！"

我可以对同学说：

- "与艾滋病病毒感染者握手、拥抱、交谈、共同用餐、共用浴室等日常接触都不会感染艾滋病病毒，没必要太紧张！"
- "我们要知艾懂艾不恐艾，更不能歧视艾滋病患者。"
- "要是怀疑自己'中招'了，要尽快去医院做检查，告诉你的父母。这是关系到你生命安全的事，千万不要讳疾忌医！"

我可以这样做：

- 了解艾滋病相关知识。
- 有感染风险时，主动去做艾滋病咨询检测。
- 向伴侣坦白自己的检查结果。
- 牢记艾滋病病毒的传播途径，避免感染。
- 感染艾滋病病毒后及时就医，积极接受治疗。

我一定不要这样做：

- 与人发生性行为，特别是无保护的性行为。
- 在有感染风险的情况下还不去检测，甚至试图传播病毒。
- 歧视艾滋病病毒感染者和艾滋病病人，拒绝与他们共处一室。
- 隐瞒病情，甚至试图传播病毒，报复社会。

第 3 章

虚拟的世界，真实的危险

1 霸道总裁和甜宠爱情我能找到吗

——大众媒体对爱情观的影响

▶ 场景再现

初三女孩小思性格内向,成绩中游,不惹眼,也不惹事,几乎没有说得上话的朋友,可以说是班上的"隐形人"。不知从什么时候起,她不肯去学校,坚持要和韩剧女主角一样去咖啡店打工,争取遇见"霸道总裁":"我不能再浪费时间了。在学校里读书,肯定碰不到'霸道总裁'的。韩剧女主角,都是在咖啡馆、花店、甜品店打工,才碰到意中人的。那样的生活,才是我要的。我再在学校里读书的话,就是浪费时间了。"

小思还认为,只有自己才具有韩剧女主角的特质,其他女同学都没有。例如某个同学虽然学习好,但没有自己善良;某个同学跳舞跳得好,但没有自己好看……爸爸妈妈实在没办法,只好带着小思去看心理医生。

▶ 科学认知

要理解"霸道总裁"和"甜宠爱情",不妨先来看看这样的故事以什么为特色。

所谓"霸总"通常就是高大、英俊、多金、深情的"成功"男性,对待绝大多数人的态度都很恶劣,连对女主也假装不在乎,甚至肆意贬低,实际上却爱她爱得很深沉。这种人设之所以被文艺工作者创造出来,很可能是因为现实生活中不存在。而把这种"面具化"的人物放进真实世界,就会看到以下问题:

用高大、英俊、多金、深情来彰显一位男性的成功,过于片

面；而对待大多数人都很恶劣，这本身就是个人修养很差的表现，这种人也很难有所作为；用强硬、贬低、俯视、支配甚至 PUA 的方式去爱一个人，是非常不健康的，这样的爱情也不会有美好的结局。

"霸总"和"甜宠"剧里的男主们为女主解决各种问题，对女主的要求无条件满足，其实更像是父母对待孩子，这种关系也反映出"霸总故事"对一部分受众幼稚的心理需求的精准投喂。这种脸谱化、卡通化的人设和角色关系看多了，很可能会影响人对真实世界的理解，以至于认为"霸总"是理想的伴侣，是真实存在的，"甜宠"也是对美好爱情的描绘，只是我没有找到，而我只要朝着这个方向去寻找，一定会找到……

殊不知，真实世界中，幸福的爱情绝大多数都是两个人格健全的人在平等、尊重、互敬互爱的基础上通过长期的磨合、妥协与包容建立起来的，它更像是舒婷《致橡树》中描绘的"我如果爱你，绝不像攀缘的凌霄花，借你的高枝炫耀自己……我必须是你近旁的一株木棉，作为树的形象和你站在一起……我们分担寒潮、风雷、霹雳；我们共享雾霭、流岚、虹霓。仿佛永远分离，却又终身相依。这才是伟大的爱情，坚贞就在这里：爱——不仅爱你伟岸的身躯，也爱你坚持的位置，足下的土地"。

▶ 常见误解

1. 我也可以拥有霸道总裁和"绝美"的爱情吗？别追求这个！

"霸道总裁"类影视剧虽然流行，但这种形象在现实社会中基本不太可能会出现，即使真的存在并与之成婚，婚姻也可能会产生较大的问题。现代婚姻中女性追求的是独立而非强迫给予。另外，"霸道总裁"对女朋友的态度更像是父母对孩子，长此以往很难维系健康的恋爱关系。

2. 王子和灰姑娘在一起，真的会幸福吗？在现代社会，不一定！他们极有可能在学识、认知、能力、性格和兴趣爱好等方面有着巨大鸿沟，从而产生价值观上的冲突。也许交往之初，双方通过外在条件相互吸引走到一起，但随着了解的深入，聊天的话题可能始终无法引起对方的共鸣，最终会使双方渐行渐远。成长环境的不同，还可能导致双方兴趣爱好迥异。这样的两个人长期相处，沟通质量就会受到影响。沟通出现了问题，爱情也就难以维系了。

▶ **场景续写**

听了小思和爸爸妈妈的叙述，心理医生温和地对小思说："小思，我非常理解你的想法，你是不是觉得在电视剧中，女主角自从认识了男主角，好像一下子就登上人生的巅峰了？男主角从平凡小孩成长为商业奇才，用一行字幕就匆匆概括？"

"是呀！"小思点点头，"我也想和他们一样，学习又累又慢……"

"但是你有没有想过，现实中，努力的过程本身就是枯燥、辛苦的？电视剧中没有演出来，不代表人就可以跳过这个过程……"

"好像……有些道理……"

和小思沟通完后，心理医生又给了爸爸妈妈一些建议，希望

他们能够在日常生活中多陪陪小思,关心她的想法,鼓励她多交一些朋友,培养其他的兴趣爱好。

关于理想中的恋人和爱情

我可以对自己说:

- "仰望和俯视之处,都难有健康美满的爱情。"
- "学会区分文学艺术和真实世界的,才会真正长大。"

我可以这样做:

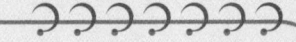

- 少看一些"霸总"和"甜宠"内容,和现实中的朋友好好相处。
- 如果要看,也要带着疑问和思考去看,有机会多跟父母聊聊相关话题。

我一定不要这样做:

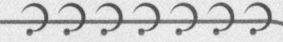

- 沉迷于"霸总"和"甜宠"的世界,拒绝接触现实生活。
- 幻想着通过爱情改变命运。
- 以"霸总"为榜样,对身边的同学态度蛮横。

2 打游戏真的停不下来

——为什么游戏会让我们上瘾

第 3 章 虚拟的世界，真实的危险

> **场景再现**

高一的小杰上课时总是睡眼惺忪，无法集中精力，原来他每晚都会偷偷溜出学校，去网吧上网！在询问了他的室友后，老师得知小杰最近沉迷于一款网络游戏，每天至少要花五六个小时在游戏上，并且他自己也十分痛苦，想戒掉游戏，又控制不住自己……

老师原本想要和小杰的家长沟通，一起解决问题，却发现他的父母都在外打工，很久才回来一次，家中只有年迈的外婆。于是这天晚上，老师在校门口等了许久，等到了上网归来的小杰，决定和他进行一次深入的谈话。

> **科学认知**

根据《精神障碍诊断与统计手册》（DSM-5），视频游戏障碍（Gaming Disorder）相关内容，满足以下症状中的 5 项或以上，且持续 12 个月以上就有可能被认定为游戏成瘾：

1. 对游戏的强烈渴望。几乎所有时间都花在想游戏、计划游戏或玩游戏上，游戏成了生活的中心。

2. 游戏时间增加。为获得同样的满足感，逐渐增加游戏时间。

3. 控制能力减弱。难以控制自己玩游戏的时间，即使想减少游戏时间也无法做到。

4. 对游戏的优先级升高。放弃或减少其他重要活动（如工作、学习、社交活动等）来玩游戏。

5. 持续玩游戏，即使出现负面后果。即使意识到游戏对生活、工作、健康等有负面影响，仍然继续玩。

6. 逃避负面情绪。通过游戏逃避或缓解负面情绪，如焦虑、抑郁、无聊等。

7. 隐瞒游戏行为。对家人或朋友隐瞒自己玩游戏的时间或程度，以避免批评或质疑。

8. 出现戒断反应。减少或停止游戏时，感到烦躁、焦虑或抑郁。

9. 失去兴趣。对曾经感兴趣的活动失去兴趣，完全沉迷于游戏中。

▶ 常见误解

1. 游戏成瘾只是因为自制力差？不！ 未成年人自制力有待提高是一方面的原因，另一方面，网络平台本身所采用的算法逻辑也会使得成瘾者更加难以脱离网络游戏的"掌控"。例如，游戏平台会主动推荐游戏攻略，用户按照攻略通关成功后，平台会继续推荐新的攻略，如此反反复复，诱使人沉迷下去。再有，学习生活的压力之下，大脑想要获得成就感往往需要长期艰苦的努力，而在游戏世界，只要打怪即可获得奖励，这种即刻的获得感也会让大脑成瘾，从而使人更不愿意去面对现实世界中的艰辛。所以，想要打破这个恶性循环，克服游戏成瘾，不仅需要更为强大的自制力，实在不行了还需要去专业的心理咨询师或精神科医生那里寻求帮助。

2. 游戏成瘾没救了？有救！ 有学者研发出了一整套旨在改善青少年网络使用行为的综合预防和干预方案。整套方案有不同角度的子方案，包括针对全体学生，以预防教育为主的课程方案；

第3章 虚拟的世界，真实的危险

通过团体辅导来改变错误认知和行为来戒除网瘾的团体干预方案；通过改善亲子关系及其互动达到减轻网瘾目的的家庭干预方案；以父母为干预对象，通过改善其教养方式、亲子关系等达到减轻青少年网瘾目的的家长干预方案等。不论哪种方案，一定要记得，治疗游戏成瘾，千万要去正规的机构找专家，而不要自行采取极端的方式，那样只会适得其反。

3. 当个专业的电竞选手不也挺好吗？须谨慎！ 专业的电竞选手需要有超越常人的手脑配合和反应速度，这既需要天赋也需要海量的训练。想走专业电竞之路，首先得确定自己真的有天赋，且大量的练习可能还要牺牲掉你上学的时间、考学的机会。而一番努力与牺牲之后，你要面对的很可能是比上学更为残酷的竞争，因为与你站在一起的都是反应超快、手速超快、手脑配合天衣无缝的"神人"。你跟他们去竞争，不也跟中考、高考一样艰苦卓绝而输赢未知吗？就算赢了比赛，想要在这个行业一直做下去，更是一刻不得休息。时间一天天过去，你的大脑和身体都在衰老，而身后比你年轻能干的选手则永远在挑战，永远在追赶，你又能坚持多少年？更不要提那些在电竞之路上折腾了一番最后发现自己不适合做这行的。时间已经过去了，学业也很难再捡起，那时候又该当如何？

▶ **场景续写**

老师并没有批评小杰，而是询问他升入高中后是否适应，有没有什么学习、生活上的困难。渐渐地，小杰放松下来，也打开了话匣子。他向老师表达了自己想要戒掉游戏的想法，希望老师能够帮他想想办法。

"老师给你几个小建议吧。第一,你可以想想自己除了游戏还有没有什么其他的爱好。"

"我喜欢打篮球,初中的时候还是校篮球队主力呢!"

"那可太棒了,正好这两天篮球队要招新了,到时候你可以去试试看!第二,给自己树立一个目标,比如将来想上什么样的大学,想做什么样的工作,想成为什么样的人。第三,有时间多和爸爸妈妈打打电话,最好是视频电话。老师知道你很想他们,他们其实也很想你的。如果过了一段时间,你还是觉得自己控制不住想打游戏,我们可以再去找心理辅导老师想想办法。"

关于游戏成瘾这件事

我可以对自己说:

- "游戏说到底都是虚幻的。关了那个屏幕,一切都没了。而生活却是真真切切的。为了虚幻而牺牲真实,值得吗?"
- "打游戏的秘诀就是'菜就多练',学习也一样啊。不会的题,多练练也就会了,题做得多了,自己也就'升级'了!"
- "我真的控制不了,我太痛苦了!我要找爸爸妈妈或者老师帮帮我!"
- "即使是优秀的电竞选手,也需要学习很多的专业知识,并且每天进行长达十几个小时的练习。只为了好玩儿去打游戏很难成为电竞选手!"

第 3 章 虚拟的世界,真实的危险

153

我可以这样做：

- 培养除游戏之外的其他爱好。
- 多交一些朋友，参加社交活动。
- 想要控制游戏成瘾，又觉得自制力不够时，主动寻求帮助。

我一定不要这样做：

- 放任自己沉迷游戏，不想办法脱离。
- 认为自己只有在虚拟的游戏世界中才能获得成功。
- 在不了解具体情况和自己合适与否的情况下，单纯为了喜欢打游戏而将电竞作为职业规划。

3 控制不住自己的手
——如何看待网络色情

第 3 章 虚拟的世界，真实的危险

▶ 场景再现

初二学生小陈，暑假期间为了准备即将到来的中学生航模大赛，一直在家自己查资料、学绘图、买材料。但只要他浏览网页，就时不时地会遇到一些网页上的弹窗。这些弹窗有的是购物引流，有的是新闻，还有的是一看就令人脸红心跳的色情内容。

这让小陈简直无法集中注意力，把浏览器屏蔽弹窗的功能打开了效果也有限，还是有一些弹窗、浮动窗口等屏蔽不了。小陈逼自己集中注意力，又查了一会儿资料，可下一秒钟弹出的内容实在让小陈有些"招架不住"了。只见浏览界面的右下角赫然是正在发生性行为的裸体男女。小陈的脸唰一下红了，手握着鼠标，不由自主地向着弹窗挪了过去……这轻轻的一次点击容易，点进去可就出不来了。一个又一个网页，拉也拉不到底，刷也刷不完……

这下小陈可彻底忘了自己今天上网是来做什么的了。

▶ 科学认知

并非涉及人体隐私部位和性行为的内容都是色情，很多医学、艺术领域也有此类内容，但其创作目的是截然不同的。色情内容不论它是以什么形式展现，其目的都是引发性兴奋或性欲，对人产生心理和生理刺激。

中学生接触网上的色情信息，会导致中学生形成扭曲的性观念，对性关系产生误解，对女性产生错误认知，甚至认为暴力或不尊重他人的行为是正常的。而且，中学生尚未成熟的心理在受到色情信息的冲击后，容易上瘾，从而导致精神恍惚、注意力涣散、睡眠障碍，最终影响身体健康，影响正常的社交生活，影响学业，还会产生焦虑、羞耻、内疚、暴躁等负面情绪，损害身心健康。最令人担心的是，有的中学生可能会在冲动的驱使下模仿视频或图片中的行为，那就有违法犯罪的风险了。

为了科学、健康地使用互联网，中学生可以向家长请教如何安全上网，在家长的监护下使用互联网，必要的时候在专业人员的指导下使用技术手段过滤色情内容。

▶ 常见误解

1. **别人都在偷偷看，我为什么不能看？你暂时没看见别人身心受到的腐蚀，不代表它不存在！**色情内容对中学生身心的影响是客观存在的，不因个人意志力强弱或者学习成绩好坏而不同。某个同学偷看色情内容而带来的恶性影响是多方面的、深远的，可能你一时没看出来，但你毕竟不是 24 小时和这个同学在一起，也不可能了解他生活各个方面细枝末节的改变。所以一件明知有不良后果的事，不是别人做了你就要去做。做不做一件事，取决于你对这件事的判断，而不取决于别人是不是在做。

2. **我就看一眼，怎么会沉迷呢？那些沉迷其中的人一开始都是这么想的！**青少年的大脑中负责控制冲动和做出判断的前额叶皮层尚未完全发育，这一生理特点会导致中学生的自控能力较弱，而色情内容通过视觉和心理刺激，会激活大脑的奖赏系统，使大脑释放多巴胺，带来强烈的快感和满足感，这在青少年紧张的学习生活中无疑就成为一种强刺激，使人在快感中毫无抵抗力，形成依赖。而且观看色情内容和获得快感之间的关联会形成条件反射，每次观看都会增强这种关联，从而导致快速成瘾。所以，色情内容还是尽可能一眼都不要看为好。

3. 完了，我已经离不开色情内容了，我是不是变坏了？ 不要这样想！沉迷色情有着多方面的原因。色情内容的生产者就是在无所不用其极地使人沉迷，而青少年的大脑又因其特点而容易成瘾，所以如果意识到自己花了太多时间和精力在色情内容上，不要一味地对自己进行负面评价，打击自己的自尊心、自信心，而是要真抓实干地去改变自己。建议进行以下操作：直面问题（承认沉迷色情是有害的，希望做出改变）、寻求支持（向家长、老师、心理咨询师寻求帮助）、制订计划（安排作息、改进互联网使用方式）、建立习惯（用重复新习惯来替换掉旧习惯）、正确疏解压力（学习用健康的方式来应对学业和生活压力）、建立监管并定期回顾（在家长或老师的帮助下，协助自己实现自律，并以一段时间为目标，完成后给自己奖励并进行经验总结）。

▶ 场景续写

正在这时，推门而入的哥哥打断了小陈的动作。

"哥！我……你怎么突然进来了？"哥哥看看手足无措的弟弟，又扫了一眼电脑屏幕，一下就明白了。他拍了拍他的肩膀，安慰道："别怕，你现在进入青春期了，好奇又忍不住，不是你的错。如果说有错，也是错在这些讨厌的弹窗广告！最近网信办开展了'清朗'行动，就是要整治这些网络'牛皮癣'。咱们可以通过官方平台举报它们！这些东西太有害了，一会儿吃完晚饭我来给你装两个绿色上网的软件，再调一调浏览器的设置，基本上就能过滤掉这些东西了。"

"太好啦！谢谢哥！"

关于网络色情这件事

我可以对自己说：

- "与其去跟色情做艰苦卓绝的斗争，不如压根就不要开始这场'战争'。从一开始就不要看。"
- "既然色情已经影响到了我，那我就想办法摆脱，而且我也一定能摆脱。"
- "我不是不可救药的。"

我可以这样做：

- 在父母或老师的监护和帮助下使用互联网，控制好浏览内容。
- 使用互联网时，使用技术手段过滤和屏蔽不良信息。
- 主动举报网络上不利于青少年健康的弹窗。

我一定不要这样做：

- 传播网络上的色情内容或其他实体的色情物品。
- 去网吧等缺乏监管的环境独自使用互联网。

4 不止是聊天而已

——警惕网络交友中的性侵害风险

> **场景再现**

中考结束的那天，父母送了小圆一部新手机。这天，小圆的社交 App 收到一条好友申请，附加消息是一串看不懂的英文字母。当时小圆并不知道这些字的意思其实是：处对象，给你小额补偿，语音色情聊天。

一头雾水的小圆很好奇，随手就通过了好友申请。对方很快发来了信息，还给小圆发了个红包。两个人聊了好长一段时间，感觉越来越投缘，甚至小圆觉得自己恋爱了，两人迅速热恋起来。渐渐地对方开始向小圆提出用文字和语音进行色情聊天的请求。在对方持续不断地游说下，小圆答应了。之后对方提出的要求也越来越多，甚至让小圆发裸露身体的照片、视频。小圆这时已经把对方当成自己网恋的男友了，于是也都答应了。

直到有一天，对方要求小圆开始有偿陪陌生男人做这些事，并且把收到的钱全打给他，如果不按照他说的做，他就把小圆以前发给他的裸露照片公布出来……

> **科学认知**

随着网络的普及，利用网络对青少年实施性侵害犯罪的案件逐渐增多，形势越发严峻，应当引起高度重视。网络性侵害分为在线性侵害和线下性侵害两种。在线性侵害指通过网络聊天软件诱骗或者威胁未成年人发送其裸体照片或者不雅视频，或在骗取对方裸体照片或者不雅视频后，以进行散播来威胁未成年人与其

进行视频裸聊。线下性侵害指在网络聊天软件上以物质诱惑或者威胁手段诱骗青少年线下见面进而实施猥亵甚至强奸。

研究表明，具备以下特点的青少年遭遇网络性侵害风险的概率更大：亲子关系、师生关系、同伴关系不理想的，渴望在网络上寻求亲情和爱情的；现实生活中不被重视和关注，渴望在网络上寻求关注的；渴望通过网络"赚钱"以满足个人需求的；经常在网络上发布个人私密信息或表达负面情绪的。

所以，青少年千万不要轻易跟陌生人进行网络交友，更不要尝试网恋。在现实生活中跟有血有肉的人面对面交流尚且要提醒自己"知人知面不知心"，更何况隔着屏幕的网络世界。

中学生使用智能手机要注意以下几点：不添加陌生人为好友，不点击和发布不雅内容，不安装或仅在父母的监管下安装金融与购物软件，在父母的监管下安装社交与聊天软件，需要提供敏感个人信息（包括但不限于真实姓名、住址、学校与班级、电话号码、银行账号、身份证号、照片、父母信息等）时必须先告知父母，收到涉及自伤或伤害他人、辍学、离家出走、性等敏感内容时，也要反馈给父母或老师。

切记，害人之心不可有，防人之心不可无！

▶ 常见误解

1. 我愿意在网上发什么是我的自由？不一定！有的青少年喜欢在网络社交平台上实名或匿名发布对生活的不满、负面情绪，甚至是自杀意愿；情侣之间涉及性话题的私密对话；自己或伴侣的半裸/裸露照片等。殊不知，犯罪分子在网上会通过关键词抓取来选择被害者。发布以上内容很容易被识别为潜在的被害者！所以一定要时刻记得，网络是公共场所，使用过程中一定要注意保护自己的隐私！

2. 浪漫的网恋别人能有，为什么我就不行？因为危险！ 一些中学生认为，在现实生活中谈恋爱肯定会被家长和老师发现，所以就想尝试网恋，又浪漫又不会被任何人知道。中学生的心智还不成熟，对人对事的认知和应对能力还在发展中，社会经验更是缺乏。在这样的情况下去尝试网恋，会很难清楚地判断屏幕那头的人的真实身份和意图。更何况很多犯罪分子就是处心积虑地在网上搜寻目标受害者。这些人为了获得青少年的信任，甚至会专门研究青少年的语言文字习惯、社群话题、兴趣爱好……等目标放下防备后，他们再用自己丰富的社会经验去控制目标，最终达到自己的目的。所以，浪漫的网恋固然存在，但对青少年来说，尝试网恋却是在危险边缘的疯狂试探。

▶ **场景续写**

小圆害怕极了，将所有事情向父母说了出来，并在父母的陪同下去报了案，警方很快找到了要挟小圆的男子，并查处了先前小圆发送的全部照片和视频。

案子告一段落，办案警察苦口婆心地对小圆进行了教育："孩子呀，我得先夸你一句，你没有自己一个人扛着，隐瞒所有事情，而是选择告诉爸爸妈妈，一起来报警，最终抓到了坏人。这一点非常难得，很多人都做不到。"警察顿了顿，继续说，"但是也要记得，以后可再也不能随便联系陌生人，连面都没见过、基本信息都不知道，就和人家网恋了。"

小圆羞愧地点点头，保证以后绝对不会这样了。

因此，在上网的过程中，一定要保护好自己，一旦觉得不对劲，第一时间去报警！

关于网络交友

我可以对自己说：

- "形象气质性格好，人也优秀，啥都好的，还用得着上网找网友吗？在现实中还不得人人抢着要？"
- "不跟陌生人网聊，不跟陌生人网聊，不跟陌生人网聊。重要的事说三遍。"
- "个人信息比天大！未经父母的许可，千万不能告诉任何人。"

怀疑自己成了网络犯罪的目标，我要对父母说：

- "爸爸妈妈，有件事我觉得有必要告诉你们，因为你们是我最信任、最亲近的人。我一开始只是好奇，并不知道会这样，可我好像真的遇到网上的坏人了……"

我可以对同学说：

- "网友本来就不靠谱，还'奔现'？千万不要啊！"
- "小心哦，听说网上很多所谓的帅哥美女，其实就是个抠脚大汉！"

我可以这样做：

- 牢记网络不是"法外之地"！
- 面对网络，相信自己的直觉，觉得不对立刻寻求帮助。

我一定不要这样做：

- 在网络社交平台上实名或匿名发布对生活的不满、负面情绪，甚至是自杀意愿。
- 在网上实名或匿名发布与性有关的内容。
- 在网上实名或匿名发布自己或他人的任何照片。

第 4 章

学会保护自己

1 你怎么不喊、不反抗
——真实世界的性暴力

> **场景再现**

女生小白自从上小学时搬到老城区，就跟男生小冯成了邻居和同学。两人一起长大，关系非常好。上高中后，两人开始偷偷谈恋爱。

但是不管感情进展多么神速，小白还是不想越过那条性的红线，毕竟还有高考在前面等着她。但是小冯却一直追着不放，多次要求小白跟自己去开房。小白无一例外地全部拒绝之后，小冯动起了歪脑筋。

因为两家是邻居，所以卫生间也离得很近。而夏天因为卫生间比较闷热，家家户户洗澡时都会把窗户留一条缝。小冯于是趁小白在自家洗澡时偷偷给她拍了视频。有了这个之后，小冯开始威胁小白，如果不答应自己的性要求，就在网上把她的裸体视频发出去，而如果她把这件事告诉其他人，他就在网上公布她的真实个人信息。

小白在他的威胁之下，精神压力巨大，而且高考临近，她也不想因此影响了自己的高考。就这样，小白不得不与小冯发生了性关系。没有暴力的撕扯，也没有喊叫与反抗，小白就这样默默无声地遭受了性侵。

事后，小白觉得非常屈辱。"你这样对我是不对的。"

小冯冷冷地说："我怎么对你了？我也没打你骂你，没有粗暴行为，是你自己答应了的，而且你也没反抗。"

这让小白无言以对，然而她总觉得哪里不对劲，心里非常难受，恨小冯，也恨自己。

▶ 科学认知

强奸是指以暴力、胁迫或其他手段强行与妇女发生性关系的行为。而与14岁以下女童发生性行为的，在法律上都视为强奸。

可见，强奸行为的施害者往往会采取某种足以使另一方无法反抗、不敢反抗或是不知道如何反抗的手段，违背对方意愿与其强行发生性关系。

在这个场景中，小冯虽然没有对小白暴力相向，但因为他用非法获取的视频对小白进行了勒索和威胁，小白本人也没有跟他发生性关系的意愿，所以小冯对小白所做的就是强奸。

▶ 常见误解

1. **大多数受害者都是被陌生人强奸的？不一定！** 据统计，每十起强奸行为中有八起都属于熟人强奸。在熟人强奸犯罪中，施害者与受害者可能是朋友、同学、同事、师生、恋人、亲属甚至是近亲属，彼此在日常生活中有很多可以正常接触的场合，为施害者预谋实施犯罪带来了充足的机会，也使得熟人强奸的犯罪成功率较高。

2. **只有女性可能遭到强奸？不一定！** 强奸行为的受害者既可能是男性，也可能是女性。无论性别如何，强奸行为受害者都应受到法律的保护，但目前中国现行刑法对于强奸罪的界定仅包括男性强奸女性一种，对于女性强奸男性或同性的强奸犯罪行为以强制猥亵罪论处。

3."苍蝇不叮无缝的蛋",被强奸是因为自己也有错? 这个说法不对!这是典型的"受害者有罪论"。强奸的发生绝不是受害者的错,需要为此付出代价的是实施伤害的人。没有完美的受害者。"受害者有罪论"使得受害者难以维护自己的正当权益,甚至还可能产生责备自己的倾向。

4. 有过性关系的男女之间不存在强奸? 这个说法不对!无论受害者先前是否跟施暴者有过性行为,只要这一次是违背她的意愿发生性交行为,就是强奸。"婚内强奸"也正是基于此。

5. 女性穿着暴露,施害者就情有可原? 不!受害者的穿着装扮不能成为强奸行为正当化的借口,受害人的穿着和打扮与施害者的动机之间没有直接关联。

> ▶ **场景续写**

小冯并没有因为一次得手之后就止步,而是对小白提出了更多的性要求。终于,忍无可忍的小白在精神濒临崩溃时,跟妈妈哭诉了自己的遭遇。

最终,小白的父母报了警,小冯被法院以强奸罪判处六年有期徒刑。

关于强奸这件事

我可以对自己说：

- "被强奸不是我的错，我是受害者。我要鼓起勇气，去报警，去将坏人绳之以法！"
- "只要是违背我意愿的性行为，就是强奸。我不要自我厌弃，要受惩罚的是那个坏人而不是我自己！"

我可以对父母说：

- "只要是违背我意愿的性关系，就是强奸。这跟我有没有激烈反抗，是不是喝多了酒以及裙子的长度没有关系。请你们带我去报警！"
- "爸爸妈妈，我现在很需要你们的帮助。如果你们也很痛苦，那我们一起去心理咨询师那里聊聊吧。"

我可以这样做：

- 尽可能避免和他人单独去偏僻的地方。
- 尽量不与异性共处一室，共处一室时要让门开着。
- 预判可能会遭到强奸时，判断自己是否有能力逃脱，如果不能，尽可能不要激怒施暴者，保住性命要紧，并记住他的体貌特征。
- 遭受性侵害后，及时向父母、警察寻求帮助，请他们带自己去医院检查、取证，并寻求心理支持。

我一定不要这样做：

- 在力所不能及的情况下对性侵害施害者进行拼死抵抗。
- 将遭受强奸归咎于自己。
- 对强奸受害者的穿着评头论足。
- 歧视强奸受害者。

2. 喝醉了，睡着了，事后谁也不知道

——对约会强奸的认知与防范

▶ 场景再现

小张上高中后，跟同桌女生小范的关系越来越好，两人一有时间就相约同去公园游玩、逛街、购物。

这天是暑假的第一天，两人午饭吃得很开心，还喝了啤酒。谁知这一喝不要紧，两人越喝越开心，在喝得有点头晕目眩之后，便一起走进了小旅馆。"由头"是午休，但实际上小张却趁着小范喝醉了，不太清醒，对其进行了强奸。

小范醒来后，质问小张为什么对自己做这种事情，小张却说："你也没有拒绝啊。再说了，你都答应跟我来开房了，不就是默认了和我发生关系吗？这会儿你还装什么无辜？"

▶ 科学认知

约会强奸是强奸的一种类型。

从施害者与受害者关系的角度，可以把强奸案件分为两大类：陌生人强奸和熟人强奸。约会强奸就是熟人强奸的一种，是指在男女双方约会时发生的强奸行为。

与普通强奸相比，约会强奸具有两个特征：

1. 相识性。施害者与受害者并非陌生关系，二者可能是恋爱关系、朋友关系、同事关系、同学关系、一般相识关系，甚至是初次相识关系。在约会强奸发生以前，双方已有接触或交往。

2. 隐蔽性。约会强奸行为很难被发现、被确认。约会是双方当事人私下约定的事，他人一般很难知晓，且约会强奸往往不是发生在公共场所,而是男女约会的客房宾馆、男女方住处等私人空间,因此更难被发现。

但是,约会强奸也是强奸,是刑事犯罪。

所以,神志不清时的女生,不管她是喝醉了、晕倒了、中毒了……都无法给予在法律上得到认可的性同意。这种情况下,男生如果不想触犯法律,就不能与女生发生性关系。

可见,网络上流传的那些所谓"捡尸",即在酒吧、夜场,把喝醉酒的女性带回去发生性关系,是触犯刑法的犯罪行为;网络上那些弹窗小广告宣传的"听话药",即女生吃了就会乖乖听话的药,谁要是胆敢使用,也是违法犯罪的行为。中学生一定要了解一些相关的法律知识,不能像本场景中的小张一样犯了法都不知道。

▶ **常见误解**

1. 如果一位女性让一位男性请她吃饭、看电影或喝酒,就表示同意和他发生性关系? 不!无论外出约会的买单方是谁,双方都不应该以此为借口强迫对方发生性关系。即使在恋爱约会之中,性交行为的发生也应尊重双方的意愿,因为已经处于恋爱关系中的一方也可能会出现强奸行为。

2. 如果一位女性同意和男性进行亲密接触,就意味着她已经同意和对方发生性关系? 不!无论是什么样的亲密行为,进行到何种程度,人人都有权对性行为说"不",且这样的拒绝应该得到尊重。性行为的发生需要双方的同意,此处的同意既包括是否进行性行为,也包括对方对于性行为发生的方式、程度等的明确同意。

3. 女性嘴上说着"不",但其实心里在说"好"？须谨记,"不"就是不！ 对于性交行为的拒绝就是不同意性交行为的发生,沉默或没有抗拒也不意味着同意发生性交行为。换言之,"不要"就是不要,没有明确表示"可以",就是拒绝。违背对方意志发生性交行为就会构成强奸罪。

> **▶ 场景续写**

最后,小范将小张告上了法庭。法院经审理认为,被告人小张违背女方意志,在女方神志不清时与之发生性关系,其行为已构成强奸罪。

关于酒后乱性这件事

我可以对自己说：

- "性是一件大事,是稍有不慎就涉及法律纠纷的事。中学生不要喝酒,更不要男生女生一起喝酒！"
- "千万不能喝别人买的一切酒水饮料,喝自己买的也要全程杯不离手,手不离眼,盖子盖好,谨防被人下药！"
- "不去夜场、酒吧等场所,出门要跟家长说明时间、地点、同行人,确保爸爸妈妈随时能联系到我。"

第 4 章 学会保护自己

我可以这样做:

- 不买酒,不喝酒,不去酒局。
- 发现有人神志不清,要向家长、老师或警察寻求帮助。
- 了解我国法律对强奸的定义。

我一定不要这样做:

- 以为酒后乱性是浪漫邂逅。
- 去酒吧、夜场等场所。
- 选择过于私密的场所和朋友见面。

3 当性侵已成事实,该怎么办
——遭遇性侵后的求助与自助

▶ 场景再现

自由活动课时,初一女生小花被4名男生连拉带拽弄到了男厕所后实施了性侵害。一名男老师看到小花从男厕所出来,询问后得知此事,便告知了校方。小花的爸爸妈妈接到学校通知后,立即向警方报案,并将小花接回家。小花被接回家后一言不发,也不肯让爸爸靠近,只是一直缩在墙角默默流泪。

爸爸妈妈心都碎了,却不知道该怎么做才能够帮到孩子……

▶ 科学认知

性侵害的后果包括抑郁、创伤后心理压力紧张综合征、焦虑等伤害。《中华人民共和国未成年人保护法》(2020修订)的第五十四条明确提出禁止对未成年人实施性侵害。

中学生判断自己是否正在遭受性侵,需要了解性侵的表现和警示信号。

1. 性侵的定义。性侵包括未经对方同意的任何形式的性行为或性接触,包括强迫或未经同意的身体接触,如抚摸、拥抱、亲吻等;强奸是性侵的一种具体形式,包括经阴道、口腔和肛门的强奸;猥亵也是性侵的一种具体形式,如暴露性器官、强迫观看色情内容、进行性言语骚扰等。需要注意的是,当施害者是比你年长,或在你们的关系中占优势的人(如老师、教练、长辈等),利用这种权力对你进行性接触或性行为,这也是性侵。

2. 警示信号和判断方法。如果有人在你明确表示不同意或感到不舒服的情况下，仍然对你进行各种形式的性接触，或使用暴力、威胁、恐吓或胁迫的方式（包括身体伤害、威胁泄露隐私、威胁伤害你的家人或朋友等）让你进行性行为，这就是性侵。

如果你怀疑自己正在遭受性侵，可以参考以下应对措施：

1. 如果预判自己可能有生命危险，就尽量不要激怒施暴者，先设法让自己活下来。

2. 预判性侵已经开始，你已经无法逃脱，要尽量保留施暴者的生物学证据： 可以抓对方的头发、皮肤等，让自己的指甲缝中留下施暴者的DNA，以便警察取证；如果对方使用了避孕套，有可能的话带走其用过的避孕套交给警方；如果对方在你体内或体表留下了精液或其他体液，在警方采集证据完成之前先不要洗澡；尽量记住对方的声音、口音以及身体上的某些特征，比如痣、胎记等，以便向警方提供更充分的信息。

3. 性侵结束后，立刻求助于你信任的成年人， 如向父母、老师、学校心理辅导员、警察或其他你信任的成年人求助，如果决定报警，请一定要先配合警方取证完毕后再洗澡。当然，如果已经在性侵中受了伤，特别是较重的伤，可以先拨打120急救电话，再告知警方自己正在被送往的医院。

另外，性侵会对受害者的心理健康造成深远的影响，导致一系列的心理问题。这些问题可能在短期出现，也可能长期存在：

1. 创伤后应激障碍（PTSD）。 受害者会经历无法控制的闯入性回忆、噩梦、过度警觉、回避与创伤相关的地方或人、情感麻木等精神状态。

2. 抑郁与焦虑。受害者可能会陷入悲伤、麻木、对事物失去兴趣的状态，甚至可能产生自伤、自杀的念头；还可能会有不合理的恐惧、惊恐发作、强迫行为，并可能伴随一些生理症状，如心悸、出汗、呼吸困难等。

3. 羞耻感与低自我价值。受害者可能会产生自我责备、厌弃，感觉自己不干净、羞愧难当，进而感到自己不再值得被爱或尊重，导致自尊心下降，低自我价值评价。

4. 社交障碍。受害者可能在建立和维持人际关系方面遇到困难，对亲密关系产生恐惧，进而开始避免与他人接触，导致社交孤立。

5. 饮食和睡眠障碍。受害者可能会经历厌食、暴饮暴食、失眠或嗜睡。

因此，遭受性侵之后，要及时向专业的心理咨询师或精神科医生寻求帮助。

▶ 常见误解

1. 老年人、男性、残障人士不会受到性侵害？ 这种说法不正确！尽管性侵害的对象主要是年轻人，但老年人也处于危险之中。同时，不只有女性才会受到性侵害，男性也会是性侵害的受害者，施害者不仅有女性也有男性。另外，残障群体也会受到性侵害。许多人将残障人士视作弱者，这使得残障人士比非残障人士更容易受到性侵害。

2. 男性不会因为性侵害而产生心理创伤？会的！ 遭受过性侵害的男性也会遭受严重的心理困扰。在遭受性侵害后，男性比女性更有可能遇到创伤后应激障碍和药物滥用问题。

3. 受害者都没有第一时间报警，说不定是自愿的？不能这样想！ 从惩罚犯罪的角度看，每一位受害者最好都能够在受到性侵害的第一时间报警取证。但遭受性侵害往往对于一个人来说是非常沉重的打击，需要面临巨大的精神压力，不是每个人都能立刻鼓起勇气说出这件事或者去寻求帮助。然而这并不意味着性侵就不存在。所以如果有人说他遭遇了性侵却没有在第一时间报警，请不要对他妄加评论。

▶ **场景续写**

正在这时，当地公安局负责这起案件的警察带着专门的心理专家赶到了小花家。为了避免对小花造成刺激和二次伤害，几位女警和心理专家在妈妈的陪同下对小花进行了安抚。在了解了事情经过后，他们带着小花前往医院进行了检查和取证，并为小花安排了转学和长期的心理疏导。

在证据确凿的情况下，4名涉事男学生由于年龄不足未被起诉，由公安机关送至工读学校（为教育有严重不良行为的未成年人开办的专门学校）就读。但是如果小花没有勇敢地拿起法律武器，正义就不会得到伸张，恶人也不会受到法律的制裁。

第 4 章 学会保护自己

183

关于遭遇性侵这件事

我可以对自己说：

- "我不能假装一切没发生，继续我以往的生活。因为它已经发生了，我现在有两件事要做：惩罚恶人，疗愈自己。"
- "我会经历很多痛苦、愤怒、伤心，这不是我一个人可以承受的。我要去找心理咨询师。"

我可以对家长说：

- "爸爸妈妈，我应该是被性侵了。请你们帮帮我，我现在很需要你们！"

我要对遭受性侵的同学说：

- "这不是你的错，你并没有被弄脏，你也不软弱。别人施加在你身上的伤害不能定义你！"
- "不要再责怪自己了。任何人处在你当时的境地，都不能保证自己会做得更好。你只是受害者，任何人都可能成为受害者，而且没有完美的受害者。"
- "去不去报警，都由你决定。但是如果你问我，我希望你为自己寻求正义，我希望性侵你的坏人受到应有的惩罚，这样也会帮助你更快地得到治愈。"

如果被性侵了,我要这样做:

- 在遭受性侵后第一时间报警,并尽快就医,留存证据。

我一定不要这样做:

- 强迫被性侵的人报警,对其进行道德绑架。
- 对遭受性侵的人评头论足,造成二次伤害。

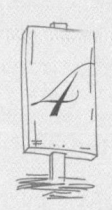

4 不好的事发生了,我一遍遍地想

——对创伤后应激障碍的科学认知

▶ 场景再现

15岁的表哥在姨妈家中,用糖作为引诱对年仅7岁的小若实施了性侵害。

刚上小学的小若并没有接受过性教育,根本不知道发生了什么,不知道抵抗,也不知道呼救。直到上高中,小若才意识到当年自己所遭受到的是性侵害。

小若是一个内心十分坚强的女孩,"我知道我没有错,"她说,"我知道有错的是他,我知道我只需要过好自己的日子就行了。"可即使是这样,当年的事还是对如今的小若产生了不小的影响。她经常不能自控地去想当时的场景,一遍一遍地去回忆各种细节,时常失眠,没有食欲,害怕和男性独处一室,甚至不敢单独乘坐只有男性在的电梯……她开始觉得,是不是自己太脆弱了?最后,在她终于难以忍受时,她选择了向心理咨询师求助。心理咨询师告诉她:"你这是创伤后应激障碍。"

▶ 科学认知

创伤后应激障碍(post-traumatic stress disorder,PTSD)是指个体经历、目睹或遭遇到一个或多个涉及自身或他人的实际死亡,或受到死亡的威胁,或严重的受伤,或躯体完整性受到威胁后,所导致的个体延迟出现和持续存在的精神障碍。

中学生经历(PTSD)会表现出多种心理和行为症状,这些症状会影响他们的日常生活、学业和人际关系。中学生可能经历的

PTSD 的症状及其具体表现有：

1. 创伤再体验。这种重新体验，包含闪回（即无论在课堂上还是家中，突然陷入对创伤事件的强烈回忆，仿佛事件正在重新发生）、噩梦、闯入性回忆（不由自主地回忆起创伤细节，可能在特定触发因素如声音、气味、特定场景等之下发生）。

2. 回避行为。包括回避触发因素（回避与创伤事件相关的人、地方、活动或话题）、情感隔离（对亲密关系和活动失去兴趣，情感上变得冷漠，与家人和朋友疏远）。

3. 负面情绪和思维变化。持续地感到悲伤、恐惧、愤怒、羞耻或内疚；对自己看法变得消极，觉得自己无助、无价值；对世界和他人的看法变得悲观，例如认为世界不安全、他人不可信等。

4. 高警觉性。对周围环境过于敏感，总是处于紧张状态，容易受惊吓；难以入睡或难以进入深度睡眠，容易被噩梦惊醒；容易因为小事发脾气或变得暴力，情绪难以控制。

5. 身体症状。包括但不限于心悸、头痛、胃痛、食欲改变、肢体疼痛等身体不适。

因此，PTSD 是一系列身心障碍，它不是矫情，不是脆弱，它是不以人的意志力大小而改变的。中学生如果经历了创伤性事件，感觉自己有了 PTSD 的症状，一定要告诉父母，并且去专业的心理咨询师或精神科医生处寻求帮助。

▶ **常见误解**

1. 创伤后应激障碍其实就是受了惊吓？不！ 受了惊吓通常指

一个人在面对突发的、令人恐惧或震惊的事件时的即时反应。这种反应是短暂的，通常会在事件结束后逐渐消退。而PTSD则往往是在目睹或经历了比较重大的创伤性事件后产生的，症状会持续一个月以上，并且显著影响个人的日常生活、社交功能和职业能力。另外，PTSD有可能不是事件发生后立刻就有的，很多人会在数月甚至数年后才开始有PTSD症状。

2. 上网搜搜应对措施也可以自我诊治？不建议这样做！ 首先，上网查询信息的时候，如果信息出自非专业的信息源，那就有可能给自己带来错误的知识和指导，非常有害。而如果从多个不同的信息源查到的说法不一，甚至相互矛盾，那还是无法确定哪个才是正确的。其次，中学生经历PTSD有着跟成年人不同的特点。青少年身心发育尚未完善，PTSD症状相对成年人来说更容易表现为情绪失控、社交敏感、成绩下降，而此时如果缺少家庭环境的支持和专业人员的指引，则很容易让青少年不堪重负，甚至产生严重后果。

3. 身边有同学患PTSD，我要离他远点吗？不！ 如果身边有同学患上PTSD，我们可以从以下几个方面做起：表达关心和支持，让他知道他并不孤单，有人愿意倾听和帮助他；尊重个人空间，不要逼迫他谈论不愿意与人分享的事情；了解PTSD的症状和应对方式，更好地理解他的处境并提供有针对性的支持；鼓励他寻求专业支持和治疗；尽量避免触发可能导致他症状恶化的情境或话题。

▶ **场景续写**

"这是每一个性侵害受害者都会经历的事情。"在主动寻求了心理咨询师的帮助后,小若听到了这样一句令她心中一震的话。原来,不是只有我一个人,这并不是脆弱的表现……

在心理咨询师的帮助下,小若开始逐渐学习并掌握管理自身症状的一些方法,也开始尝试向值得信任的亲人、朋友诉说当年曾发生在自己身上的性侵害。在一次次的倾诉中,小若内心的纠结与恐惧得以缓解,内心也越来越坚定。她重新和当年的朋友恢复了联系,并且开始通过健身、甜点烘焙等方式发现生活中的乐趣。

关于 PTSD 这件事

我可以对自己说:

- "我不脆弱,我很坚强!这是每一个经历较大创伤的人都会经历的事情。我一定会慢慢好起来的!"

我要对正在经历 PTSD 的同学说:

- "你不必独自承受这一切。寻求帮助是一种勇敢的行为。"
- "不要急于康复,这需要时间。你已经很棒了。我们会一直在你身边支持你的!"

我可以这样做：

- 尝试向值得信任的亲人诉说。
- 在专业人士的指引下进行康复。
- 如果条件允许，跟同住的家人一起接受心理辅导。
- 在自伤、自杀、喝酒等危害自身的想法浮现时，一定要告诉父母、老师或心理咨询师。

我一定不要这样做：

- 认为 PTSD 根本不存在，或者只是矫情。
- 不告诉任何人，试图自行治疗自己身上的 PTSD 症状。
- 在患有 PTSD 的人还没有准备好的情况下，强制性帮助他们缓解症状。

5 跟他在一起越久越看不起自己

—— PUA 的识别与科学应对

> **场景再现**

小婷是一名中学生,她和男友小明一直在偷偷恋爱。小明看起来温柔体贴,刚开始他们的关系甜蜜而美好。然而,随着时间的推移,小明逐渐开始展示出控制欲。

他总是批评小婷的穿着,指责她不够好看,甚至限制她与朋友的交往。他会在小婷与其他男生说话时大发雷霆,逼迫她删掉所有男生的联系方式。小婷开始感到不安,但她爱着小明,觉得自己应该为他改变。

小明还经常打击小婷的自信心,说她不聪明、不优秀,只有他愿意爱她。每当小婷表现出任何反抗,小明就会道歉,买礼物哄她,说自己只是因为太爱她才会这样。渐渐地,小婷陷入了自责与困惑之中,她经常夜里睡不着觉,还越来越讨厌自己,觉得自己很蠢、很软弱、什么也做不好,但也越来越害怕小明会离开自己,不知该如何是好。

> **科学认知**

PUA,全称"Pick-up Artist",原泛指很会吸引异性、让异性着迷的人和其相关行为。然而,随着时间的推移,PUA的概念逐渐演变为:通过心理操纵、情感控制等不正当手段来达到个人目的。

并不是只有聪明人、受教育程度高的人才不会被PUA,而是每一个普通人都可能会成为PUA的受害者。对于中学生来说,

PUA 有可能出现在同学、朋友、亲戚等关系之中。

PUA 技巧通常包括以下几种：

贬低对方。通过不断批评或贬低对方，削弱其自尊心，使其产生自卑感和依赖感。

情感操控。利用对方的情感弱点，通过时而冷淡时而热情的方式，使对方感到不安，从而更依赖操控者。

孤立对方。限制对方与朋友或家人的交往，使其失去社会支持，只能依赖操控者。

虚假承诺。给予虚假的关爱和承诺，让对方产生希望和依赖，但实际目的是控制对方。

这些行为不仅对受害者造成了情感和心理上的伤害，还可能导致更严重的心理问题。

想要摆脱 PUA，首先需要根据上文所述的 PUA 常用手段来识别 PUA，如果发现自己真的处在这种关系中，想要摆脱，可以从以下几个方面做起：

加强自我价值认知，不轻易被他人的负面评价所影响；明确设立个人边界，拒绝不合理的要求和操控行为；向自己信任的朋友、家人、老师或专业人士寻求帮助；在极端情况下，如果对方的 PUA 行为涉及违法，应及时拿起法律武器保护自己。

▶ **常见误解**

1. 被 PUA 只是因为遇人不淑，下一段关系一定会好？ 不一定！PUA 对受害者的心理伤害是多方面且深远的，甚至会改变受害者对自己和世界的看法，从而导致受害者今后的亲情、友情、亲密关系等受到负面影响。因为 PUA 会使得很多受害者丧失自尊心和自信心、自我认知扭曲、焦虑抑郁、情绪不稳定、人际交往障碍……在这一系列的"改造"之后，一些 PUA 受害者甚至会在今后的交友、恋爱、求职等方面都连续经历恶性关系，一次又一次"遇人不淑"。因此，在被 PUA 之后，受害人如果有条件的话，还是应该去寻求心理辅导。

2. 是不是性格直率而强硬的人，都可能是在 PUA 我？要识别！ 性格直率而强硬的人可能具有坚定的意见和决策能力，但他们的意图通常是为了关系的共同利益，为了做出最优决策，而 PUA 的动机通常是为了压倒和支配对方，获取自我满足或维持权力；性格直率而强硬的人尽管有自己的意见，但他们不会控制你的行为和决定，而会尊重你的自由和个人空间，但 PUA 者则会通过孤立你、限制你的社交、干涉你的生活决策等方式来控制你，使你逐渐失去自主权。总之，PUA 者使用各种手段的主要目的都是为了压人一头、控制人，而不是解决问题。如果实在无法分辨，可以将你们之间的一些具体冲突的内容和沟通方式记录下来，向父母、老师或心理专家寻求帮助。

3. PUA 对于施害者来说有利无害？不！ 对他人进行 PUA 不仅会对受害者造成严重的心理伤害，也会对施害者本身产生多方面的不良影响。PUA 行为通常建立在不健康的价值观之上，如控制欲、权力欲和自私自利。长期施行 PUA 手段的人可能会形成扭曲的人际观，难以建立基于平等、尊重和真诚的健康关系。PUA 实施者的内心也可能充满不安和自我怀疑。他们需要通过不断操控他人来验证自己的价值，这种内心冲突会带来持续的心理压力

和焦虑，甚至会发展出长期的心理问题，如反社会人格障碍、病态自恋等。PUA 行为也会破坏社交关系。当别人发现他们的真实意图和行为时，可能会远离他们。长此以往，他们可能会失去重要的朋友和社交圈。PUA 行为有时可能涉及道德甚至法律问题，如情感操控、精神虐待等。如果这些行为被揭发，PUA 者可能面临社会谴责、法律诉讼以及生活上的一系列后果。所以，为了自身幸福和心理健康，一定要摒弃 PUA 行为，建立基于平等和尊重的人际关系。

▶ 场景续写

有一次，小婷在网上无意中看到关于 PUA 的文章，才意识到自己可能被控制和操纵了。她经过了很长一段时间的思考、回忆，想起原本自己在认识小明以前是一个多么开朗、自信的女孩子，而现在……不行，她再也不能这样下去，于是鼓起勇气向班主任求助。

经过一段时间的努力，小婷终于在老师和家长的帮助下，成功摆脱了这段有害的关系。现在小婷明白了，爱一个人不应该是束缚和打压，而是互相尊重与支持！

关于 PUA 这件事

我可以对自己说:

- "人人都有缺点和短板,不要轻易让别人对我的负面评价影响我的自信心。我还是很棒的!"
- "任何事都不能只听一个人的意见,不管这个人对我来说多么重要。我要去跟爸妈、同学、老师们……都聊聊!"
- "要学会拒绝。比如可以说,'对不起了,我就是不同意、不相信、不喜欢、不想要!'"
- "没有哪一段关系是我离不开的。这个世界这么大,明天的太阳照常升起!"

我要对那个很可能正在被 PUA 的同学说:

- "你看看,现在你说话、做事都要听别人的指挥,看别人脸色,你还是原来那个你吗?你希望自己在这段关系中得到什么?"
- "你不需要任何人说你对,说你好,因为你本来就很优秀啊!"
- "无论你想说什么,不想说什么,我就在你身边。要是需要我的帮助,一定让我知道。"

我要对那个PUA我的人说：

- "你对我的成就、兴趣和高光时刻要么不屑一顾，要么极力贬低，真的有必要吗？真心地赞美我，会让你多么难受呢？"
- "这件事我做主，你不用再说了。"
- "你觉得我很傻，是你的事，可我觉得我很聪明。咱们谁也不要说服谁，这个话题就此结束。"
- "这是我的朋友，我的社交圈子，如果你不喜欢，就不要介入。"

我可以这样做：

- 在发现自己和一个人的相处方式"不太对劲"，让你越来越不喜欢自己的时候，相信自己的直觉，赶紧去向自己信赖的人求助。
- 不论有多么喜欢一个人，都要明确自己在这段关系中的底线，要主动划定两个人相处的界线，不能让一个人在方方面面都介入自己的生活。
- 当发现自己被PUA了，要痛下决心，向你信赖的成年人、朋友求助，将伤害降到最低。

我一定不要这样做：

- 通过PUA的手段去得到别人的友情或爱情。
- 对因遭受PUA而求助的人视而不见，甚至觉得他们矫情。

6 总有人骂我，还把我关在厕所里

——校园欺凌的产生原因与应对机制

第 4 章 学会保护自己

▶ 场景再现

小叶的父母都在大城市打工,他从小和爷爷奶奶一起长大,比较文静,内向,不太擅长表达自己,身体也比较瘦弱,但这些特质却成了别人口中的"娘"和"弱鸡"。同学们经常欺凌他。课间上厕所时,有的同学强迫小叶脱掉裤子,要看看他到底是男是女,好"验明正身";还有同学在上下学的路上打他、抢他的东西、逼他做一些他不喜欢的事情,还威胁他如果告诉家长或老师,就见他一次打一次……

由于害怕报复,小叶一直不敢和老师、家长说,但渐渐地,上学对他来讲成了一个噩梦。

▶ 科学认知

校园欺凌是发生在校园内外、以学生为参与主体的一种攻击性行为,包括直接欺凌和间接欺凌。

直接欺凌是指采用公然、明显的方式进行欺凌,包括身体、言语等形式。间接欺凌包括关系欺凌、网络欺凌等。依照布朗芬·布伦纳的生态系统理论,可将校园欺凌的成因划分为外层系统(新技术与大众媒介环境)、中间系统(家庭环境和养育方式、学校环境与资源)和微观系统(个人身心状况及成长经历)。应当从国家、学校、教师和家长、青少年自身多个层面对校园欺凌采取预防和应对措施。

对于个人来说,可以采取以下措施来应对这种情况,保护自

己并改善处境:

1. 自我肯定和增强自信。接受自己的个性和特点,相信自己是独特且有价值的。不要因为他人的看法而否定自己;坚持自己喜欢的活动和兴趣爱好,增强自信,在这些领域中找到自我价值。

2. 展现自我优势。在自己擅长的领域,尽力在众人面前展现自己,赢得高光时刻。一般来说,越是被边缘化的个体,不引人注目的个体,越容易被欺凌者当作目标。

3. 有被欺凌的苗头时就要坚决抵抗。欺凌往往是逐步升级的,一开始时欺凌者都会观察、试探目标,如果发现自己的欺凌行为没有受到抵抗,自己不用面临任何代价,可能就会开始升级欺凌的程度和频次。所以,一旦感觉自己有被欺凌的苗头,要坚决抵抗,厉声呵斥,不能让欺凌者感觉有机可乘。

4. 寻求支持。将自己的处境告诉家人和老师,寻求他们在情感和策略上的支持;参与学校的社团或俱乐部,结交志同道合的朋友,增强自己的社交网络;找到有同样遭遇或理解自己处境的同学,互相支持。

5. 学会应对和自我保护。尽量避免与欺凌者正面冲突,忽略他们的挑衅,远离那些有欺凌行为的同学;如果不得不面对欺凌,要保持冷静,用简短而坚定的语言回应,表明自己不会被轻易击倒;学习一些自我防卫技巧,增强自信,同时在必要时保护自己,并尽量和朋友一起上下学,避免独自一人面对欺凌者。

6. 寻求专业帮助。如果欺凌对自己的心理造成了严重影响,应寻求学校心理咨询师或专业心理专家的帮助;向学校老师和管理者报告,要求他们采取措施;必要时拿起法律武器,对涉嫌触犯法律的欺凌者提起诉讼。

▶ 常见误解

1. 只有身体伤害才算欺凌吗？不是！欺凌的形式有很多种，包括：身体欺凌、言语欺凌（辱骂、嘲笑、威胁、取绰号、羞辱等）、社会欺凌（排挤、孤立、散布谣言、背后说坏话、操纵他人对受害者的看法等）、网络欺凌（通过社交媒体、短信、电子邮件等平台对受害者进行辱骂、威胁、散布谣言、公开隐私等）、性欺凌（对受害者进行性骚扰、性侮辱、性取笑、传播有关性的谣言或图片等）。

2. 孩子之间的问题应该由孩子自己解决，否则就是无能吗？不是！这种看法是错误的。欺凌问题往往复杂且有严重的影响，需要成人的指导和介入。欺凌行为通常伴随着权力不对等，受害者往往缺乏应对欺凌者的力量和资源，而且欺凌会对受害者造成严重的情感和心理伤害，单凭孩子自己的力量很难有效处理。所以，受害者应该将情况传达到学校、双方家长、心理辅导专家那里，情况严重时还应寻求司法介入。

▶ 场景续写

小叶的爸爸过年回家，注意到了儿子的不对劲。经过几次推心置腹的交谈，小叶将自己在学校被欺负的事对爸爸和盘托出。听了小叶的叙述，爸爸心疼地抱住了他："孩子，被欺负不是你的错，相信自己，我们一起来想办法解决！爸爸很欣慰你愿意勇敢地告诉我，我一定会帮你的！"

在爸爸的鼓励下，小叶向学校老师报告了同学的欺凌行为，并寻求了警察的帮助。多方合力之下，欺凌者得到了应有的惩罚，小叶也在老师和家长的鼓励下重新回到了学校。

  班会上,老师严肃地向大家强调:"我们都在性格、经济、健康状况、家庭背景等方面与他人不同,因为这些差异而对他人进行骚扰和欺凌是无礼且伤人的,是一种错误行为!"同学们纷纷表示,一定不会欺负他人,遇到欺凌行为也会及时向老师报告、寻求帮助。

关于校园欺凌这件事

我可以对自己说:

- "我是独一无二的,我有自己的优点和特长,别人不能定义我。"
- "我就是要做自己,我不怕任何人!"
- "他们人多势众时,不要硬刚。"
- "把这件事告诉老师和父母,不是告密和软弱,而是正确的应对。"

我可以对欺凌者说:

- "你们过分了啊!这么不尊重人,是没家教吗?"
- "你说我这不行那不行,可我跟自己比,已经进步很多了。你又有多完美呢?看不见别人的优秀,是你眼拙!"
- "你这是造谣!我不用自证清白,我们去老师那里当面说。"
- "这是我的底线。你再往前一步,多说一句,我就告诉老师和你的父母,甚至我会报警!"

第 4 章 学会保护自己

我要对被欺凌的同学说:

- "他们这样对你,不是你的错。去找老师和家长,请他们帮帮你,不要一个人扛!"

我可以这样做:

- 第一次感觉被欺凌时就要立场鲜明,坚决反抗。
- 尽量不要独来独往,要有几个好朋友。
- 在遇到欺凌事件时,首先保证自己的人身安全,之后向可信任的人寻求帮助。
- 看到欺凌事件及时向老师报告。

我一定不要这样做:

- 因为任何原因对他人实施欺凌行为。
- 将遭受欺凌的事隐瞒起来,独自承受,纵容欺凌者的行为。

7 放学路上有人朝我暴露身体

——遇到露阴癖该如何应对

第 4 章 学会保护自己

▶ 场景再现

"小雨,你听说了吗?学校旁边那个小区门口最近总是有暴露狂,都吓到过好些人了!我记得你上下学就走那条路,可千万要小心……"一大早,小雨的好闺密就从隔壁班赶过来,和她说了这个吓人的事。小雨没太当真,觉得自己不会那么倒霉。

正在这时,同班的小云一脸惊慌地跑进教室,坐在椅子上直发抖,说话也颠三倒四的。小雨仔细一听才明白,原来刚刚小云在路上就撞到了那个传说中的"暴露狂"!听了她的描述,让小雨又恶心又生气。

放学路上,小雨决定快步跑回家,却不想,从一辆停在路边的面包车上忽然跳下一个人,对着小雨就打开了身上的军大衣。

▶ 科学认知

露阴癖是一种性偏好障碍,患者会反复向没有防备的陌生异性裸露自己的生殖器官,以获得性兴奋。

他们通常会选择仅有单个或少数几个异性结伴出现的场合实施露阴行为,与受害者保持一定安全距离,以便逃脱。部分露阴癖患者在结束后会产生悔恨感,也有的以露阴作为性满足的唯一途径。

中学生如果遇到露阴癖行为,应该采取以下措施:

1. 迅速离开现场。首先要确保自己的安全,立即远离露阴癖者,并尽量避免与其接触。

2. 尽快报告。立即向学校、家长或其他你信任的成年人报告遭遇的露阴癖行为。这样可以确保及时采取措施来保护自己和其他人。

3. 不要与其互动。尽量避免与露阴癖者发生任何形式的对话或互动，以免加剧局势或鼓励其行为。

4. 寻求支持。与家人、朋友或学校辅导员等谈论所经历的情况，寻求情感支持和建议。不要独自承受。

5. 关注自身感受。重视自己的感受和情绪反应，如果感到不安或恐惧，及时寻求心理咨询或专业帮助。

6. 提高警惕。尽量避免单独行动，尤其是在人少或人流量较小的地方。

▶ 常见误解

1. 遇到有露阴癖的人，只会被吓一跳，没什么伤害？不！ 露阴癖行为可能对受害者造成心理创伤和困扰，特别是年纪较小的青少年，甚至会给其带来恐惧和不安，不敢再走曾经遇到露阴癖的人的那条路。所以如果同学或自己遭遇了露阴癖，不要不当回事，应该尽量跟家长和老师聊聊，必要的时候向心理专家求助。

2. 遇到露阴癖要第一时间尖叫跑开？不！ "视而不见"、平静应对、尽快离开，是最好的办法。尖叫、恐惧反而会让露阴癖患者获得更大的心理满足，甚至刺激其产生进一步的过激行为。

3. 露阴癖患者都是男性？不！ 任何性别的人都可能患露阴癖，但男性患病概率远高于女性。

▶ 场景续写

就在有露阴癖的怪人打开军大衣的瞬间，小云内心的愤怒和恶心不知怎的居然压倒了她的恐惧。她咽回了已经到嘴边的尖叫，故作淡定，装作没看到对方，从一旁大步流星地走开了，留下那个裸体怪人在风中无聊地站着。

不过小云没有选择就此沉默。脱离危险后，她第一时间前往派出所报了警。接警后，派出所民警根据小云提供的嫌疑男子体貌特征和车牌号码，很快就锁定了嫌疑人。

关于露阴癖这件事

我可以对自己说：

- "不看，不说话，不惊讶，面无表情直接走开！他没了观众自然也就没了意思。

我可以对同学说：

- "别怕，你反应越大他就越开心。以后遇到这种人，直接无视。"

我可以这样做：

- 一定要淡定，装作没看到对方，径直走开。
- 脱离危险后，第一时间前往派出所报警。

我一定不要这样做：

- 遇到露阴癖大喊大叫或跟他说话，刺激他。
- 试图独自一人制服对方。

8 地铁上遇到"咸猪手"
——如何应对公共场所的性骚扰

▶ 场景再现

小楚上高中了,学校离家比较远,每天都要挤地铁。这天是个周一,地铁上人好多呀,又闷又热,小楚好不容易挪到车厢的角落处,终于能吹到一点空调的凉风。可是没过一会儿,小楚就觉得自己的隐私部位卡上了一个什么东西。起初,小楚还以为是车厢太挤,谁背的背包恰好卡住了,就没多想。可大概过了十几秒后,她突然意识到那是一只手!小楚浑身一激灵,觉得事情不太对。自己这是碰上地铁"咸猪手"了!

到底该怎么办?小楚一时间又羞又怒,有些不知所措……

▶ 科学认知

地铁"咸猪手",是性骚扰的一种。

公共场所性骚扰通常是针对女性发生的。发生在公共场所的性骚扰主要分为非身体形式的骚扰(吹口哨、打响指、尾随、粗俗手势发出亲吻声等)和身体形式的骚扰(触摸、掐、抓、阻挡等)。

女孩子如果在公交车、地铁等拥挤的公共场所遭遇"咸猪手",首先应该尽量保持冷静,不要因为惊恐或愤怒而失去理智。可以先用目光警告,然后如果条件允许,要立即远离"咸猪手"并尽量躲避接触,以确保自己的安全。如果离开后对方跟过来继续骚扰,可以尽量挤到车厢安保人员、售票员身边、身后,并在下次停车时立刻下车。如果离下车还有很长时间,车厢又确实非常拥挤，或者恰好被堵在了车厢的角落，避无可避，可以大喊"我的手机被偷了""我的戒指掉地上了，大家让开"之类，吸引众人的目光和警觉，确保"咸猪手"不再敢靠近，同时找机会迅速离开。或者可以用不被"咸猪手"注意到的方式向身边人求助。安全离开后，向公交站、地铁站保安、警察等求助，如果记得"咸猪手"的外貌特征、穿着、行为等信息，要及时提供给警方。

▶ 常见误解

1. 只有女性才会遇到公共场所性骚扰？不！事实上男性也会遇到，并且同性之间也可能会发生公共场所性骚扰。男性比女性遭受公共场所性骚扰的概率低可能基于下列原因：第一，男性对于性骚扰的认定范围更窄，大部分男性在界定自己是否受到性骚扰时有一个较大的容忍度，或者他们不以为意。第二，若遭受女性性骚扰，男性大都不愿向外界诉说。

2. 只有年轻、容貌好的人才会在公共场所被性骚扰？不！无论一个人的性别、年龄、外貌、特征或背景如何，均有可能受到性骚扰。女性衣着风格不可以作为性骚扰的借口。

3. 目睹性骚扰，事不关己高高挂起是最好的选择？不！不要做旁观者，在确保自己安全的情况下，在能力允许的范围内，可以插手帮助受害者和干预任何你所目击的性骚扰事件，并在事后告诉你所信任的成年人。

▶ **场景续写**

　　小楚冷静下来，开始迅速思考解决办法。如果下一站下车，那她很可能上学就要迟到。如果她大喊大叫，这个人有一定的概率会恼羞成怒对她施暴。急中生智的她，掏出手机打了一行字，将屏幕转向了在她旁边的一位阿姨，只见上面写着：阿姨，车上有人摸我，请帮帮我，跟我换个位置可以吗？那位阿姨愣了一下，想了想，大声说："姑娘，我路远，我跟你换一下，我要往里走。"说完，朝这边开始挤过来。小楚心领神会地跟她换了位置，并且借着自己身材小巧的优势，一路挤过去很远，一直挤到了门边。接下来的路程，每一站都会上下车很多人，门口的位置人流很大，"咸猪手"虽然也跟了过来，但再也没有机会贴着她。终于，小楚在自己的目的地安全地下了车。

关于"咸猪手"这件事

我可以对自己说：

- "不要害怕，也不要隐忍，更不要激怒他。赶紧下车，坐下一班车。"
- "看看周围有没有能帮助我的人。"

我可以这样做：

- 保持冷静，观察环境，迅速判断情况。
- 如果没有特别着急的事不能迟到，可以在下一次停车时立刻下车，改坐下一班车。
- 设法让"咸猪手"感觉到需要尽快撇清干系远离你，比如大喊"我的手机被偷了""我的戒指掉地上了，大家让一让"。
- 设法离开隐蔽角落，让自己站在门口、驾驶员旁边、售票员旁边等让"咸猪手"更有心理压力的地方。
- 有针对性地进行求助。
- 如果条件允许，留存对方性骚扰时的视频或图片，为警察提供更多证据。

我一定不要这样做：

- 试图独自一人制服"咸猪手"。
- 遇到性骚扰一味地隐忍躲避，或大喊大叫发泄情绪。

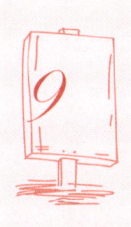

9 老师总在上课的时候摸我

——性骚扰的识别与应对

第 4 章 学会保护自己

215

▶ 场景再现

"我们先来看这里,这里考到的知识点是……"小邹只觉得一只略有些粗糙的大手缓缓沿着自己的膝盖向大腿移动。她浑身一激灵,猛地从椅子上站起来。

"老师,我……我肚子疼,去趟卫生间!"说罢,她赶紧跑出了教室。这已经不是小邹第一次被这个编程课老师以很不自然的方式接触了。一开始她没当回事儿,只觉得是老师扶一下她胳膊、握握她的手什么的,但这些动作好像有点刻意,都没什么必要,有点让她感觉怪怪的。这次他的手是真的让她不舒服了。

然而,这是爸爸花高价报的班,即使自己多次暗示爸爸妈妈不想学了,但爸爸说编程是未来的重要技能,一定要学,还觉得是她想偷懒,抵触学习。

小邹在卫生间待了很久,心很乱:到底是怎么了?是我想多了还是这个老师真的是在摸我?他是这么有名气的老师,又这么和蔼可亲,怎么可能会做这种事?可是……可是那明明就是故意的,肯定不是不小心……我该怎么办?

▶ 科学认知

场景中的小邹,很可能是遭遇了这位老师的性骚扰。但是如何判断对方的接触是不是性骚扰呢?

1. **不适感**。如果他人的肢体接触让你感到不舒服、害怕或厌恶，这就可能是性骚扰。身体的直觉反应通常能告诉你是否遭遇了不当行为。

2. 触碰的部位。注意对方触碰的部位是否涉及隐私部位或敏感区域。如果他人未经同意触碰你的胸部、臀部、大腿等地方，这就有可能是性骚扰。

3. 意图和频率。如果这种接触是故意的、重复的或者具有性暗示的，就可能构成性骚扰。例如，触摸时伴随不恰当的言语或眼神。

4. 你的明确表达。如果你已经明确表示对这种接触感到不舒服，对方却仍然继续，这就是性骚扰。尊重你的感受是正常交往的基本原则。

5. 情境和权力关系。在某些情况下，权力不对等会使肢体接触变得更加不合适。例如，老师、教练、长辈等利用他们的权威地位对青少年进行不当接触，这也可能构成性骚扰。

6. 对方的行为方式。判断对方的行为是否超出正常的社交接触范围，例如拥抱、握手等。特别是当这些接触过于频繁或带有性暗示时，就需要警惕。

需要注意的是，并不是只有那些看上去猥琐、邋遢的人才会对别人进行性骚扰。现实生活中，任何性别、社会阶层、年龄、身份、相貌的人，都有可能对他人做出性骚扰行为。同样，性骚扰的受害者，也可以是任何性别、社会阶层、年龄、身份、相貌的人。

当你遇到了性骚扰，不要怕，可以试着这样做：

1. 告诉性骚扰者停止他的所作所为。明确告诉他你对他的所作所为感到厌恶，如果你觉得直接面对性骚扰者感到不舒服，用

文字告诉他也可以。

2. **将性骚扰事件告诉家长、所信任的老师或学校指定的处理性骚扰事件的负责人**。要有耐心,如果你求助的第一个人对事件没有回应,就找另外一个人,直到有人能够帮助你为止。无论是同学,还是成年人对你进行性骚扰,法律规定学校必须维护你的权利并采取必要的行动。

3. **尽量把你受到性骚扰的经历记录下来**。记录下来,可以在你需要的时候帮助你回忆起某些细节,在一定程度上也能够帮你疏解情绪。如果骚扰你的人给你任何纸条、电子邮件等,也要保存下来作为证据。

▶ 常见误解

1. **曾被性骚扰,我以后要怎么避免再次被性骚扰?要提高安全意识,但没人能绝对避免!** 如果某个人或情境让你感到不安,要相信自己的直觉;尽量避免与不熟悉或让你感到不安的人独处。如果必须独处,可以选择公开场合,或告知信任的朋友或家人;如果感觉到气氛不对,要用坚定的眼神、洪亮的声音、明确的肢体语言向对方传递"我不怕你,请保持社交距离"的信息。但是需要记住,没有哪个人可以100%避免遭到性骚扰,我们要做的,就是提高安全意识,增强自信与勇气,去过我们正常的生活。

2. **为什么别人不被性骚扰,偏偏是我?这个说法没有意义!** 没被性骚扰的人不代表完美,遭到性骚扰的人也不代表就存在各种问题。不要对自己说:"苍蝇不叮无缝的蛋""偏偏骚扰你,就是你有问题""是你自找的"……这些说法的逻辑依据都是受害者有罪论。试想,受害者把可能导致被性骚扰的风险因素全都规避好,就 100% 不会被性骚扰了吗?施害者在这种语境下没有受到任何谴责和钳制,是不是舍本逐末?因此,这种将受害者与他人进行比较以暗示受害者存在道德瑕疵、行为不检的说法,是非常有害的。

▶ 场景续写

好不容易熬到下课,终于可以回家了。小邹忍无可忍,咬咬牙把自己被老师不当接触的事情告诉了爸爸妈妈。爸爸妈妈开始还有些半信半疑,但出于安全考虑,在女儿的强烈要求下,当天就前往编程培训班要求查看教室监控录像。

录像显示,这个老师应该是个"老手"了,深知摄像头的覆盖范围,所以每次都会用身体挡住自己的手。但是他没想到的是,教室最近其实新安装了另一个更小的摄像头,为的就是补全盲区,而这件事是只有校长才知道的。

之后,小邹和父母一起报了警,将录像证据交给了警察。最终,这个老师的犯罪行为经调查属实,即将受到法律的制裁!

关于被性骚扰这件事

我可以对自己说：

- "知人知面不知心。与人相处，一定要划定边界，并且要让对方知道自己的边界！"
- "这种接触是不必要的，刻意的，反复出现的，而且我已经好几次躲开，礼貌地拉开距离，加上他的那种眼神很不对劲。这应该就是性骚扰。不行，我要去告诉爸爸妈妈。"

我可以对正在性骚扰我的人说：

- "你不用离这么近。你不用把我的手，我自己来。我不喜欢别人贴着我。手请拿开！"

我可以对遭受性骚扰的同学说：

- "你没有做错什么，不要害怕。你需要我怎么帮你？我们一起去找班主任聊聊？"
- "你不举报他，是你的自由。但是这个人要是不受到惩罚，他下次很可能还会去骚扰别人，还会有其他跟你一样无辜的人受害。"

我可以这样做：

- 跟人相处时，设定好边界并清晰地传递给对方。
- 在保证人身安全的前提下，及时表达自己对对方行为的不适感。
- 及时向信任的成年人求助。
- 尽量留存证据，尽快报警。

我一定不要这样做：

- 独自忍受对方的性骚扰，不去求助。
- 对遭受性骚扰的同学冷嘲热讽。
- 对向你倾诉遭遇性骚扰事件的同学进行道德批判。
- 强迫遭遇性骚扰的同学做出某种行为。

10 就一口不会有事
——拒绝烟酒毒品和消极的同伴影响

> **场景再现**

放学的时候,小杜拉着小影,神秘兮兮地说要带他去个"好地方"。小影没多想跟着去了,却没想到小杜带他去的是学校附近的一家酒吧。

两人到的时候,酒吧里已经有几个高年级的学生等在那里,见两人来了就打了个招呼:"呦,来了!快看这个,好东西,给你们留着呢。"说着,其中一个晃了晃杯中浅棕色的液体。

小影一眼就看出来那是酒,想要拒绝,但几人拉着他,说:"这么大人了,喝口酒怎么了,就一口不会有事的!"

> **科学认知**

提起烟、酒、毒品,你的第一反应可能会是违法、有害、成瘾、应当拒绝。如果你的确是这么想的,那么恭喜你,你已经有了远离烟、酒、毒品的第一道屏障。

香烟中的尼古丁、焦油,还有酒精,其本质都是损伤大脑和身体器官功能的物质,会伤害我们的身体,是不健康的。毒品的危害就更大了,会影响人体的各种机能并损伤器官,改变性格,破坏心理健康,成瘾之后人还会依赖毒贩,甚至以贩养吸,越陷越深,彻底毁掉一个家庭。不要以为意志力强大的人就能不上瘾,甚至凭借一己之力能戒掉毒瘾。

在我国,毒品主要包含以下种类:

1. 麻醉药品。麻醉药品是指能够引起精神和生理依赖的药物,包括但不限于：**鸦片、海洛因、吗啡、可卡因、大麻、合成阿片类药物**。

2. **精神药品**。精神药品是指能够影响中枢神经系统，导致依赖性和滥用的药物，包括但不限于：**甲基苯丙胺**（冰毒）、**摇头丸**（MDMA）、**氯胺酮**（K粉）、**安非他明、苯丙胺、巴比妥类药物、苯二氮䓬类药物、致幻剂**（如LSD）。

毒品除了伤害身心，还会影响大脑的判断能力和控制能力，让人做出不符合其原则、性格和道德准则的决定，让人情绪失控，进而带来伤害自己和他人的严重后果，甚至使人触犯法律。

中学生需要了解毒品可能以多种形式流传，以便更好地识别和防范。

1. 朋友之间传播。中学生涉毒，很多是受到朋友或同学的推荐和怂恿，特别是在聚会或社交活动中。

2. 伪装成其他东西流传。毒品可能被伪装成糖果、巧克力、饮料、药片等，被中学生接触。

3. 通过互联网和社交媒体流传。毒品还可能通过非法网络平台或社交媒体交易，甚至有时通过暗网。中学生如果不遵循安全上网的原则，无保护地网上冲浪，下载来源不明的软件等，就有可能接触到毒品交易。

4. 通过小广告传播。很多新型毒品会伪装成各种保健品、补剂，号称有"提升学习效率""提高体育成绩""抗疲劳"等功能。

5. 混进饮料中传播。在KTV、酒吧、夜店等场所，不法分子可能会将毒品放进酒水、饮料中。

所以青少年一定要提高警惕，谨慎交友，不去娱乐场所，不接受陌生人的食物和饮料，在公共场所买饮料喝时，一定要眼不离杯，杯不离手，盖子盖好。购买营养补剂和保健品一定要通过正规渠道，在父母的指导下购买。

除了毒品，如果有人让你尝试烟、酒，你该如何拒绝呢？

第一，看着对方的眼睛，用自信的语气，配合肢体语言，坚定地说"不"。

第二，给出说"不"的理由。 比如这是不健康的、不合法的，违反了学校和家庭规则。如果对方坚持，要告诉对方这是对自己的不尊重，如果对方态度强硬、蛮横，可以编个让他们害怕的理由，比如"我有脑血管病，喝酒会有生命危险，谁要是强迫我喝，谁就要准备负法律责任"，并尽快离开。

第三，保证自己言行一致，前后态度一致，不受诱惑、不屈服于压力，可以选择离开当下的环境，必要的时候还可以去向信任的成年人求助。

▶ 常见误解

1. **尝一口不会有事的？不！** 烟、酒，尤其是毒品，都是非常容易上瘾的，一旦接触就只有"零次"和"无数次"的区别。更何况，你真觉得没有抵挡住第一次诱惑的自己能够果断地拒绝下一次的诱惑吗？所以最好的办法就是从一开始就不要尝试！

2. **我可以拒绝朋友的"邀请"，但绝不能"告密"？分情况！** 如果朋友们不是喝得烂醉，不是抽烟抽得特别狠，你可以选择规劝、离开，或是独善其身。但如果朋友怂恿你尝试毒品，或是强行逼迫你抽烟喝酒，就必须告诉父母和老师了。因为涉毒是违法犯罪，而违背你的意志强行灌酒、点烟，则是伤害你身心健康的行为。此时向成年人报告不能叫"告密"，而是必要的自我保护和维权，也是正确的决定！

3. 朋友一起玩，大家都抽烟就我不抽，很没面子，怎么办？
有办法！ 首先，你在内心深处要有明确的观念：抽烟不酷，我要健康、没有异味的自己。有了这个观念，再来谈拒绝的技巧。拒绝时，态度要礼貌而坚决，比如"谢谢啊，但我不抽烟。你们请便"。其次，别人如果坚持让你抽烟或者问你不抽烟的理由，可以说这三个理由：不喜欢，气味不好；不能抽，是因为答应了爸妈不抽烟；不敢抽，怕损害健康。除此之外，如果预判这次见面大家会抽烟，可以预先带上零食、饮料或水果，到时候分给大家一起吃，有助于化解尴尬，也不会显得自己那么不合群。还可以提议大家一起去玩别的，比如打篮球、乒乓球，转移话题和注意力。

▶ **场景续写**

"不了，谢谢！但我还没到喝酒的年纪。我就不喝了。"

几人还想再劝，小影已经拿起书包准备离开。见小影态度坚决，几人也不好再说什么。临出门前，小影对着小杜的耳朵说："我们现在真的不应该喝酒，作业还没做呢！再说喝一口就有两口，喝傻了就做傻事，到时候后悔都来不及！听我一句劝，你也不要喝了。咱们走吧！"说罢，见小杜也有点犹豫，小影赶紧拉起他的手大步流星地走了。

关于烟酒毒这件事

我可以对自己说：

- "立场要坚定，拒绝要聪明，态度要一致！"

我可以对同学说：

- "我不是不敢喝酒，而是在酒精的刺激下我们可能会做出一些冲动的行为，伤害到自己或他人。"
- "我真的不抽烟，谢谢你们！"

我可以这样做：

- 看着对方的眼睛，用自信的语气，配合肢体语言，坚定地说"不"。
- 给出说"不"的理由。
- 保证自己言行一致，不受诱惑、不屈服于压力，可以选择离开当下的环境，必要的时候还可以去向信任的成年人求助。

我一定不要这样做：

- 尝试烟、酒、毒品，哪怕是一小口。
- 替朋友隐瞒他接触毒品的事。

第5章

做人越来越难

男生和女生之间，有没有纯友谊

——正确认知友情与爱情

▶ 场景再现

小佑和小纯从小一起长大，幼儿园和小学都是同班同学，两个人形影不离，都把对方当成了最好的朋友。可升入初中，小纯渐渐开始听到一些关于两人的流言蜚语……

"他们两个天天一起上下学，肯定是一对儿！"

"明明是情侣，非要说是普通朋友，真能装！"

这让小纯非常困扰。一直以来，她都觉得小佑是最好的朋友，可现在说的人多了，她也开始怀疑，自己是不是真的喜欢上小佑了？两个人之间究竟是友情，还是爱情？

▶ 科学认知

友情和爱情都是一生中可能会体会到的美好的情感，二者有很多相似之处，比如相互的接纳、尊重、理解、信任、默契、吐露心声。此外，双方兴趣和价值观一致，有着令彼此觉得舒适且乐在其中的相处模式，是友情与爱情共同的基础。

但是友情和爱情往往有一些不同之处。

一般来说，与友情相比，爱情往往具有更强的排他性。另外，爱人之间比朋友之间的情感更深，也更加迷恋对方。最后，爱情更容易使人产生困扰、冲突和相互指责，因此沟通显得更加重要，但同时身处爱情之中的人也会体验到比在友情中更加深入的情感。

但是在现实生活中，"友情和爱情如何界定"其实没有标准答案。男女之间的关系可能会因为很多因素而变得复杂，甚至可以说每一对情侣、夫妻，他们的关系在某种意义上都是独特的。所以，与其刨根问底地自问与一个人的感情到底属于什么性质，然后贴标签，对号入座，倒不如让自己放松下来，划定交往的原则和界限：互相尊重、求同存异、不支配、不沉迷、不互相伤害、避免性接触，互相提醒不做傻事，帮助彼此共同进步。

所以，中学生朋友在日常生活和学习中，如果跟某个异性朋友关系很好，不要轻易就给这段关系下结论、带节奏，而是要着眼于如何珍惜一个好朋友，如何让彼此成为更好的自己。而如果两个人的相处让你们产生了更多负面的情绪，做了很多不好的事，对未来越来越不确定，甚至学习也越来越差，那这样的感情无论是什么，都不是好的感情了，你就得画个问号，思考一下自己究竟得到了什么、付出了什么，以及要不要继续了。

最后，一段感情到底是友情还是爱情，随着你们阅历的增加，随着对自己和世界认知的加深，一切都会逐渐清晰。

▶ **常见误解**

1. 青春期只有友情，就不美好了？ 不能这样想！ 亲情、友情、爱情、师生情等都是青春期可能产生的美好情感。进入青春期，很多少男少女开始关注异性，有些人还会对某个特定异性产生喜欢或爱慕之情，这都是非常自然的，也是很正常的现象。

2. 青春期的男生和女生之间没有单纯的友情？ 当然有！ 友情不分性别，不论是同性之间还是异性之间都可以建立友谊。换个角度想一想，一个班里有那么多人，总不可能任意两名异性之间都得发展成爱情，都没有单纯的友情吧？

3. 青春期还是交同性的朋友比较好？不能这样说！ 同性的朋友也好，异性的朋友也好，他们都可能与你志趣相投，身上也都有值得你学习的地方。另外，如果只交同性的朋友，也是不利于提升和异性沟通交流的能力的！

▶ 场景续写

放学路上，小纯和小佑聊起了自己的困惑，这才知道原来小佑也同样在纠结这件事。想到两人的父母也是一起长大的"发小儿"，他们决定向爸爸妈妈求助。

周末的时候，两家聚在一起吃饭，小纯和小佑向长辈表达了自己的困惑，希望他们能够给出一些建议。

"你们在学习上是互相督促，共同进步，还是反之？"小纯的妈妈问。

"我们当然是共同进步！我的数学好，她的英语好，经常互相帮助。"

"那你们有没有经常一起做一些极端的事，或者被一方的情绪和思想带过去？"小佑的爸爸问。

"好像……不太会。我们其实经常有不同意见，但是也不是一定要说服对方。极端的事我们没有做过。"

听完，小佑的爸爸有些放心地说："看，你们能让彼此成为更好的自己，一起避免走极端、做不好的决定，这才是最重要的。友情、爱情什么的，现在不用去贴标签。你们需要做的，就是别伤害彼此，别碰触性的红线。稳稳当当地去长大，人生自会有答案。"

小佑和小纯听后，开心地笑了："明白了！这下心里舒服了！"

关于男女之间的纯友情这件事

我可以对自己说：

- "学校那么多男老师女老师，每个人的爸爸妈妈也都有那么多的男同事女同事……男女之间如果只要有感情就一定是爱情的话，那岂不是天下大乱了？"
- "闲言碎语是每个人必经的，但是时间会澄清一切。我们不需要自证，不需要因此而疏远彼此。"

我可以对异性好友说：

- "对我来讲，你是非常重要的朋友，相信你也这么认为。我们没必要因为别人的眼光而不敢做朋友！我们没做错什么，错的是他们！"

我可以对同学说：

- "我们两个是关系非常好的朋友，请你不要按照你的想象对我们的关系贴标签。管好你自己，少议论别人！"
- "男生女生之间不是非得谈恋爱。你不信去问问你妈妈，她跟她的男同事是纯友情吗？"

我可以对家长说：

"爸爸妈妈，我和他并不是在谈恋爱，我们只是非常好的朋友。我们的相处是有边界的，而且我们还经常在学业上互帮互助，已经让我们在班上的排名都有所上升了。所以，希望你们不要干涉我交友，我也向你们保证，我不会辜负你们的信任。"

我可以这样做：

- 要评估和他在一起是让彼此变得更优秀、更积极了，还是反之。
- 要为彼此的相处划定边界。
- 是不是继续相处，要基于自己的分析和思考，而不是别人的闲话。
- 通过有效的沟通，共同寻找解决问题的办法。
- 如果闲言碎语严重影响到了自己，要开诚布公地和同学、老师、家长表明立场。

我一定不要这样做：

- 只要自己跟异性同学关系好，就觉得自己是要恋爱了。
- 出于赌气、避嫌而与异性好友绝交。

2 爱你在心口难开
——对单恋的科学认知

▶ 场景再现

小寇最近不知怎的,很期待看见学校的学生会主席。于是她会在对方经过教室门口的时候忍不住偷瞄,会躲在楼道的拐角等着他经过,会站在操场的角落里远远地看着他打篮球……仿佛只要每天能见他一面,一整天都会非常开心。

但渐渐地,小寇觉得自己没有那么开心了,她依然希望每天都能见到那个男生,而且越来越渴望得到对方的回应,希望对方能够看自己一眼。可她心里也明白,对方甚至不知道她是谁,不知道有这样一个人的存在。小寇觉得只要能和他说上一句话就好,可是自己却不敢开口……

一段时间之后,她开始感到失魂落魄,陷入一种既欣喜又失落,既幸福又有些自卑的状态,吃不下饭,睡不着觉,上课也无法集中精力了。她真的不知道自己该怎么办才好。

▶ 科学认知

爱情并不总是对等的。当一个人对另一个人产生了浪漫的感情或爱意,但这种情感并没有被对方所回应或知晓,就是单恋。

虽然不是每个人都有过这种爱情经历,但陷入过单恋的人也绝对不在少数。对于单恋者而言,一份情愫的产生是美好的,也值得珍惜。有的单恋者在单恋中会感受到痛苦、失落,而有的尽管很痛苦,但同时也能感受到激动、振奋和兴奋等身处真正的恋爱关系中所能感受到的积极情绪。

对于被单恋的人而言，有的在一开始可能会感到高兴，觉得被人喜欢意味着被肯定、受欢迎等，但有的在成为单恋目标后只能体验到消极的情绪。例如，他们会因为不知道如何拒绝而烦恼，或因为单恋者的"坚持不懈"而感觉被冒犯，也可能会因为担心拒绝对方时伤害了对方而产生紧张和内疚。

感觉自己开始单恋一个人，该怎么办呢？

1. 接受这个事实。让自己明白，对一个人的感情没有得到回应是正常的，不要苛责自己和他人。

2. 不要进行负面的价值评价。比如认为只有廉价、软弱、差劲的人才会单恋别人，而那些被人单恋的都是优秀的、高贵的人。这些想法是不对的。要知道，每个人都有可能单恋别人或被别人单恋。

3. 充实自己。可以把自己在学习、兴趣爱好、社交等方面的日程安排得满一些，目标制定得高一些，努力提升自己。这不仅能增强自信，不让自己太过沉溺于单恋，还能帮助自己从单恋的旋涡中走出来。

4. 进行交流。如果情况合适，可以考虑与单恋对象坦诚交流，表达自己的感受，但也要做好面对不同结果的准备。表白的结果，有可能是对方被吓跑、直接或间接地表示对你没感觉、受宠若惊或得意扬扬、表示只想做朋友……总之，千万不要因为对方没有给出自己想要的反应而无法接受。

5. 寻求支持。一般来说，青少年朋友最容易单恋的对象包括同学、老师、明星艺人等。可以先自我调适，如果感觉效果不好，一定不要自己扛，要向你信任的成年人去倾诉和求助。

那如果发现自己正在被别人单恋，应该怎么办呢？

要评估一下对方的情感和你们之间的关系。

如果对方的单恋没有对你造成困扰，或者你实在不知道如何应对，暂时假装不知道或许可以给自己一个准备期。等你厘清头绪，准备充分后，还是要应对一下，否则时时刻刻感觉到自己在被一双眼睛关注，终究还是会影响你的。

如果对方已经对你造成了困扰，或者你压根不接受这段感情，可以友好而明确地告诉对方你的界线，这个界线应该是令双方都感到尊重和舒适的，不会伤害对方自尊心的。然后应继续以友好的，一如既往的态度对待对方，不要因为知道了对方的感情而改变自己对待他的方式，同时要尽量避免任何可能被误解为鼓励或回应对方情感的行为。

如果你感觉始终无法应对或者备受困扰，可以与知心的朋友交流，跟爸爸妈妈聊聊，或者寻求老师和心理辅导员的帮助。

▶ **常见误解**

1. **单恋是可耻的吗？不！**单恋是人的情感的一种释放，许多人都会经历单恋。这并不可耻，也不证明你就低人一等。承认和接受自己的感受是迈向情感成熟的第一步。

2. **单恋因为是一个人的事，所以不会受到伤害？有可能受到伤害！**单恋虽然属于个人的情感体验，但因为缺乏回应、无法实现期望、无法发挥主观能动性去经营感情等，会对人的心理产生一系列的负面影响，如失望、焦虑、抑郁、低自我评价等。

3. **单恋的对象可以永远保持完美形象，这不好吗？完美很难永存。**单恋中的人往往会理想化他们所爱慕的人，把其看作完美的人。事实上，每个人都有令你不满意的地方。就算不跟一个人近距离地朝夕相处，时间长了，他待人接物的方方面面、点点滴滴，也不可能全都符合你的理想。在大多数情况下，"人设崩塌"总是难免的，只是时间问题。终有一天，你会认识到，没有一个人可以百分百符合你心目中对完美形象的描绘，况且你描绘出的完美形象也会随着你的成长而改变。

▶ 场景续写

小寇和闺密分享了自己的困惑。在闺密的建议下，她决定先和对方在现实中真正地交上朋友。

偶然间，小寇发现对方加入了学校的话剧社。这不正是一个很好的机会吗？一直以来，小寇就非常擅长写作，更是从小学开始就尝试自己写剧本，当时自己的剧本还被排演成了"毕业大戏"。于是，小寇拿着自己最满意的作品，申请加入了话剧社，成了话剧社的一名编剧，并且顺利地和那位男生成为朋友。对方非常欣赏她创作的剧本，两人经常一起分享创作灵感，不断修改、完善剧本，最终小寇的剧本登上了学校话剧节的舞台。

经过一段时间的相处，小寇慢慢发现其实对方并不是自己当初想象的那样，他的很多性格特点并不是自己喜欢的类型，但也的确是个才华横溢的伙伴。终于，在一个晴朗的早晨，小寇发现自己放下了那种迷恋，一身轻松地对那个男生说了句："早上好啊！"

关于单恋这件事

我可以对自己说:

- "喜欢一个人没有错,不敢告诉他也并不代表懦弱。坦然接受自己的感情吧,别着急,别给自己太大压力,不如试着先和他交个朋友。"
- "单恋是成长的一部分,这会让我更加了解别人、了解自己。"
- "万一以后慢慢发现他其实不像我现在想的那么好,也没关系。顺其自然吧。世界那么大,一路走下去还会遇到很多很多的人。"

我可以对单恋的对象说:

- "同学你好,我是XXX。之前看到你加入了话剧社,我对话剧也非常感兴趣,我们可以交个朋友吗?"

我可以对单恋我的人说:

- "谢谢你对我的欣赏,你也很优秀啊!但我目前并没有谈恋爱的打算,也许我们可以先做朋友。"

我可以这样做：

- 接纳自己单恋一个人的事实，不给自己太大的心理压力。
- 多丰富自己的生活，全方位地去了解一个人。
- 尝试着和对方成为朋友。
- 被单恋时，感谢对方对自己的欣赏，但也要明确表达自己的态度。
- 坦然接受对方的回应。

我一定不要这样做：

- 沉溺于幻想，拒绝面对他人真实的自我。
- 认为单恋是廉价、软弱的表现。
- 因为爱而不得就去伤害对方、伤害自己。
- 因为被人单恋而感到苦恼，去伤害单恋自己的人。
- 一意孤行，对对方的同意或拒绝视而不见。

3 再也没有一个人会像他一样爱我

——如何走出失恋的阴影

▶ 场景再现

"小希,我决定高中毕业后就出国,下学期我就会转学去国际部,我们分手吧。希望你也能好好想一想自己以后的路要怎么走。"

今天是小希失恋的第七天,七天过去了,她仍旧没有从失恋的阴影中走出来。她和喜欢的男生感情非常好,高中三年互帮互助,学习都进步了不少。他们曾约定要考取同一所大学,一起读研究生,毕业后结婚……但现在,只剩下小希一个人了。

小希的眼睛早就已经哭肿了,她不知道该怎样才能摆脱这种悲伤的情绪,放下这段已经失去的感情。

▶ 科学认知

由于某些原因,恋爱中的双方或某一方不愿再维持恋爱关系,宣告了恋爱的终止,这就是失恋。

在当今社会,失恋是常见的人生经历,很多恋爱关系都是以失恋作为结尾的。特别是青春期的恋爱,往往表现出不稳定性高、周期短等特点。

虽然几乎每个人在生命的旅程中都会经历失恋,但是失恋并不是一件容易过去的事,尤其对青少年阶段的中学生可能会带来多方面的影响,这些影响可以是短期的,也可能是长期的。

1. 情感方面。失恋后,青少年往往会有悲伤、失落、愤怒、困惑、焦虑等不良情绪,有人会在这些情绪的轮番轰炸下无法继续正常生活。

2. 心理方面。失恋可能会让心智发育不完善的青少年怀疑自己的价值,觉得自己不够好,甚至觉得自己不值得被爱。

3. 行为方面。一些青少年在失恋后，会觉得全世界的人都很快乐，而唯独自己格格不入，于是会变得不愿与他人交往，避免社交活动，进而影响学习成绩。

4. 生理方面。失恋后，很多青少年可能会出现失眠、早醒、噩梦连连等睡眠问题，有些人可能还会食欲不振或暴饮暴食。

5. 长期影响。失恋可能还会让青少年对未来的恋爱产生不好的预期，甚至对他人产生信任问题，担心再次被辜负。

可见，社会和家庭都劝青少年尽量避免在中学时期谈恋爱，是有现实原因的。失恋的痛苦很难走出，就是原因之一。不过，从另一方面看，失恋也是成长过程中的一部分，也是一种学习和成长的机会。**想走出失恋的阴霾，不妨试试下面的方法：**

第一，**转移注意力**。尽量不要一个人沉浸在这种情绪当中，可以通过努力学习、出去看风景、和朋友一起玩，等等，来减少自己陷入负面情绪的机会和时间。

第二，**重拾自己的兴趣爱好**。在自己喜欢的、擅长的兴趣爱好中，自我梳理，挥洒情绪，对人内心创伤的平复是很有帮助的。

第三，**沉淀与思考**。换个角度想一想，有没有可能是自己失去了一个并不合适的人，是否对自己有了更深的认识和反思，是否学到了一些东西，是否对自己、世界和他人有了更全面的了解……这些思考能够让自己之后更加成熟理智地对人对事。

第四，**学会宣泄**。宣泄能让坏情绪得到释放，但是一定要注意方式和场合。可以去野外大吼一声、大哭一场，可以给自己制订一个循序渐进的运动计划，在汗水中燃烧负面情绪，但是千万不要以伤害自己和他人的方式去宣泄。

第五，**寻求支持**。向信任的人倾诉能让我们心灵得到安慰，

如果效果不好还可以向心理咨询师寻求专业帮助。

如果你的好朋友正在经历失恋，你想要帮助他的话，可以通过表达关心、表示理解、倾听与陪伴、进行鼓励、提供自我照顾的建议等，来帮助朋友走出失恋带来的痛苦。千万不要在这个时候跟朋友去做伤害自己和他人的事，比如抽烟、喝酒、彻夜不归什么的，你要让他知道你在他身边，他并不孤单。

切记，时间终将冲淡一切，而我们也终将成长。

▶ **常见误解**

1. **失恋后难受的只有我一个人？** 不！很多时候，男生和女生对待失恋的感受是不同的。很多男生会认为失恋让自己的自尊受到了打击，女生则会在失恋中产生强烈的失落感。这在一定意义上是性别刻板印象造成的。性别刻板印象要求男生在恋爱中占主动、主导地位，有着更加强烈的"占有欲"，而女生则要对爱情、婚姻、家庭有更高的期待。因此，一旦失恋，男生和女生的体验也会存在差异，但痛苦都是会有的。

2. **失恋都是我的/他的错？** 不！失恋并不是某一个人的错。大多数时候，一段恋爱关系的结束会有各种各样复杂的原因，不能一味地埋怨对方，也不要归咎于自己或否定自身的价值。要知道，失恋是非常常见的，大多数人在其一生中都至少会经历一次失恋。尊重对方的决定，保持自信，才能在失恋中得到成长。

3. **失恋真是糟糕透了？** 不！试着去寻找失恋带来的积极影响，学会换一种思维方式去重新评价这份感情的失去。这次失恋是否让你告别了一个并不适合自己的人？你是否从中发现了自己有什么需要改进的地方？每一次失恋都可以帮助你更成熟地迎接健康、美好的未来！

▶ 场景续写

为了帮小希走出失恋的阴影，几个闺密约好一起来陪小希。她们帮小希换上漂亮的衣服，带着她去公园爬山。爬到了山顶，小希在闺密们的鼓励下深吸一口气，向着远方大声呼喊。

"啊——啊——"

"怎么样，出来走一走，大声喊一喊，有没有觉得心里舒服点？"

"对呀对呀！小希，有没有好一点？你可以随时和我们倾诉！姐妹们永远都在你身边！"

"谢谢你们，有你们这些闺密，我真的太幸福了！"

"是啊小希，你还有我们呢，还有爱你的爸爸妈妈。分手虽然令人难过，但也许只是离开了一个并不适合你的人。不是说他不好啊，只是有时候注定不能开花结果的事，最后有一个优雅的收场也是很好的。我们都希望你能尽快开心起来！"

关于失恋这件事

我可以对自己说：

- "我们分手了，并不是因为我不够优秀，只是因为我们慢慢发现两个人有着理想、性格、发展方向等方面的不同。"
- "这种难受一定会过去的。我要把自己的生活好好安排起来！"

我可以对失恋中的朋友说：

- "你很坚强，我相信你能挺过这段时间。你值得拥有一个真正爱你的人，这只是你成长的一部分。"
- "你的感受是完全正常的，失恋确实很痛苦。我理解你现在的心情，但这些情绪都会慢慢过去。如果你想聊聊，我随时都可以听你说。我们可以一起散散步或者做些你喜欢的事情。"

我可以这样做：

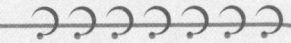

- 坦然接受分手的事实，通过旅游、听音乐、和朋友聊天等健康的方式疏解情绪。
- 换个角度想一想，是否自己也学到了一些东西?

我一定不要这样做：

- 因为失恋而对自己全盘否定，甚至选择自伤、自杀。
- 因为失恋而去伤害他人。
- 把失恋完全归罪于自己或他人。

4 被喜欢的人拒绝了
——表白被拒绝该如何应对

第5章 做人越来越难

▶ 场景再现

"小应,从初中开始我们就是同学,我一直都非常欣赏你,看过你演的话剧,站在场边给你的篮球赛加过油。今天我鼓起勇气来对你说,你愿意做我的男朋友吗?"

"答应她!答应她!"这边的动静吸引来了一群看热闹的同学,大家纷纷围着表白的小欢和被表白的小应起哄,搞得小欢更加紧张了。

"啊?这个……我现在……其实,还没有谈恋爱的打算。我学习都忙不过来……"小应不知所措地说着,转身走开了。

人群一哄而散,只剩下小欢手足无措地站在原地,眼泪在眼眶里打转……

▶ 科学认知

进入青春期的男生和女生都可能会在内心产生爱情的萌芽,有的人会选择向自己喜欢的人表白,这并不是什么羞耻的事,而是正常的、美好的。如果想对喜欢的人表白,要温柔、礼貌、恰当地表达自己的感情。

但与此同时也要知道,表白的成功率可能并没有你预想的那么高。

如果表白被拒绝该怎么办呢?如果对方没有接受你的表白,要记得这也是非常正常的事,毕竟任何人都不能强迫他人接受自己的感情,那是对别人的不尊重,也是对自己的不尊重。

第一，要坦然地接受表白失败的事实，但不要因为一次失败而否定自己、怀疑自己。表白被拒并不代表你不值得被爱或者不受欢迎，你依然是你，是有价值的。不要一计不成又生一计地想办法强迫对方接受你的表白，更不要试图报复对方。这样是害人害己的。

第二，要接受自己的真实感受，告诉自己，被拒绝之后的尴尬、失望、窘迫、愤怒，都是正常的情绪反应。要让情绪慢慢消散，不要沉溺其中恼羞成怒。同时告诉自己，围观者的反应也不一定就是恶意的。试想你在学校里遇到这样的场景可能你也会去围观，围观完之后你就一定会对当事人极尽嘲讽吗？说不定你还会暗自佩服他们有你没有的勇气。总之，别人怎么想，是别人的自由，你不要被其左右。

第三，冷静下来之后，要告诉自己，试着将这份感情珍藏起来，彼此以朋友的身份相处。两个人互相喜欢的爱情才是完美的，如果别人不喜欢你，也要尊重别人的选择。

最后，实在太难受了就去找爸爸妈妈或者自己知心的朋友、信任的老师、学校的心理辅导员等，聊聊天，寻求他们的支持和指导。

▶ **常见误解**

1. 表白被拒绝，我就是个失败者了？ 不！爱情不是争个输赢，更重要的是两个人的契合度。所以要记得，表白被拒绝并不意味着你不够好，更可能是对方觉得你并不是适合他的人，所以千万不要因此就否定自己！当然，如果对方在拒绝你的时候明确表达了他认为你有可以改进之处，也可以在仔细思考后做出调整，帮助自己更好地成长。同时也要做好心理准备，有的人不会因为你改掉了缺点就因此喜欢你、爱上你，因为有时候不来电、没感觉，是怎么样都无法改变的。你要做的，就是优雅地说再见，好好地爱自己。

2. 敢拒绝我的表白，一定要让你好看？别这样！表白是你的自由，但选择拒绝也是对方的权利。因为表白被拒绝就强迫对方、报复对方，是不恰当的、不够尊重他人的行为。不仅如此，过激的报复行为还可能会触犯校规，甚至违反法律，害人害己。

▶ 场景续写

了解了这件事情的班主任老师邀请了心理老师，决定一起去和小欢聊聊。小欢的情绪依旧很低落，也不太想和两位老师交流。

心理老师主动开了口："小欢，老师知道你现在心里很难受，但老师想跟你说，喜欢一个人并没有错，鼓起勇气表白的你也非常勇敢！"听了心理老师的话，一直低头不语的小欢微微抬起了头。老师见状继续说道："不过呀，表白成功可并没有你想象的那么容易。很多人的表白都会被拒绝，这是很正常的。因为虽然表白是我们的权利，但对方也有拒绝的权利，我们应该尊重对方的选择。"

"老师，我明白。可是当着那么多人被拒绝，真的很丢脸。"小欢说到这儿，又红了眼圈。班主任老师安慰道："小欢，不用担心，同学们都是非常善良的，他们也很担心你的状态，还让老师向你转达，他们绝对不会乱说，不会嘲笑你的，放心吧！"

关于表白被拒绝

我可以对自己说:

- "表白被拒绝,不代表我不够优秀。也许只是我们不合适,或者他还没有谈恋爱的打算。"
- "在现实生活中,按照一个人的喜好来改变我自己,其实并不能让这个人爱上我。所以,千万不要为了别人而改变自己。变来变去,我又是谁?他看不中我,自有看中我的人。再见吧,无缘的人!"

我可以对拒绝我的人说:

- "谢谢你的坦诚。我尊重你的选择。"

我可以这样做:

- 表白之前,先做好心理准备。
- 坦然接受对方的拒绝。
- 选择健康的方式调整心态,疏解情绪。

我一定不要这样做:

- 因为表白被拒绝就全盘否定自己。
- 强迫对方接受自己的爱,或继续对对方穷追猛打。
- 因为表白被拒绝就选择报复对方。

5 追我的人我不喜欢
——如何在不伤害对方的情况下拒绝他人表白

> **场景再现**

"小耿,我喜欢你,做我女朋友吧!"听到这句话,小耿气得一跺脚,转身就跑回了教室。这已经是小路一个月以来第三次向小耿表白了。自从两人在排球社认识,小路就对小耿"穷追不舍"。可小耿根本就不想这么早谈恋爱,而且小路也不是她喜欢的类型,所以只能每次遇到他就赶紧跑开,却没想到小路追她追得更紧了。

放学路上,小耿向闺密吐槽时,无奈地叹了口气:"唉!我到底该怎么做才能让小路别再追我了。我都想骂他一顿!"

"千万别!你小心啊,有时候把人心伤了,面子伤了,对方说不定会做出疯狂的事,伤害你!"

闺密一番话,吓得小耿当场就愣住了。

> **科学认知**

爱情是一种双向的情感,通俗一点来说,并不是"你喜欢我,我就一定要喜欢你"。那么当被别人表白,而你又暂时不愿意开始这样一段感情或者根本不喜欢这个人的时候,该如何在不伤害对方的前提下有效地拒绝呢?

第一,同时礼貌而明确地说"不"。表达拒绝时,态度一定要礼貌,同时要拒绝得干净、彻底,不要给出模棱两可的回复,给对方"留有希望",这样只会更加伤害到对方的感情。比如说"我考虑一下""过一阵再说""我现在可能还没准备好"……这些话只会让对方觉得应该更积极地追求你，更全方位地展现他的优点来让你喜欢他。所以应该在肯定对方、感谢对方的前提下，明确表达自己的意见。

第二，给出具体的理由。表达理由的时候一定要真诚，明确地告诉对方为什么拒绝他。在中学阶段，以学业为重就是一个不错的理由。

第三，保持言行一致。既然拒绝了对方，在之后交往的过程中就要坚守朋友之间的交往界限。一方面，自己不做出可能会让对方感到亲密的行为；另一方面，对方做出让自己不适的行为时也要及时拒绝并制止。

第四．寻求必要的帮助。如果对方不接受你的拒绝，或者做出伤害你的行为，不要犹豫，立刻去向你信任的老师、家长寻求帮助！

需要特别注意的是，拒绝别人的追求，态度不能粗暴、蛮横，不能贬低、嘲笑对方，而且一定不要在公众场合让对方下不来台。有礼有节，言行一致，态度一致，照顾对方的自尊心，才是正确的拒绝之道。

▶ 常见误解

1. 为了不让对方难堪，最好不要拒绝他人表白？该拒绝就要拒绝！ 相比明确的拒绝，出于照顾他人心情而勉强接受表白反而更加伤人伤己。一段健康的恋爱关系需要双方一起经营，而前提就是两个人都真心地爱着对方。因此，如果你认为向你表白的人并不是你目前理想的恋爱对象,又或者说你还不准备开始一段恋爱关系,那么坚定、礼貌地拒绝才是最好的选择!

2. 拒绝别人表白后就连朋友都没得做? 不一定! 两个人之间并不是只有爱情,友情也是非常重要的一种人生财富。礼貌的,彼此尊重的拒绝并不会让对方感觉到被冒犯,反而会感受到你的真诚。从另一个角度来讲,如果一个人因为向你表白被拒绝就和你绝交,那么他还是一个适合做朋友的人吗?

▶ 场景续写

晚饭的时候,小耿和爸爸妈妈交流了自己的苦恼,希望爸爸妈妈能够给她一些建议。

"姑娘,爸爸觉得有人向你表白,证明你很优秀,但爸爸能感觉到这件事给你带来了困扰,并且你是想要拒绝小路同学的表白,爸爸理解得对吗?"

"没错,爸爸,您觉得我该怎么做呢?"

"如果是这样的话,爸爸建议你更加明确地对小路表达你的想法,告诉他你感谢他的欣赏,你也觉得他是个很不错的人,但你现在还不想谈恋爱,学习压力也挺大的,他的行为让你感到了困扰,请他之后不要再这样做了。"爸爸说道。

"还可以告诉他,虽然你拒绝了他的表白,但两个人还是好朋友,没必要因此伤了两人的感情。"妈妈补充说。

"谢谢爸爸妈妈,我明白了,明天我就和他进行沟通!"

关于拒绝他人的表白

我可以对自己说：

- "不要怕拒绝会伤害他。告诉他我的真实想法才是对他最大的尊重。"
- "拒绝要有礼有节，不能伤害别人的自尊心。"

我可以对向我表白的人说：

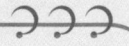

- "谢谢你对我的欣赏。但是我还没有谈恋爱的打算，所以很抱歉……"
- "谢谢你，但是对不起，我目前不想跟任何人谈恋爱。"
- "你很优秀，我也很欣赏你，但你不是我喜欢的类型。而且，频繁的表白真的已经有点儿干扰到了我的日常学习和生活，希望你以后不要再这样了。"

我可以这样做:

- 感谢对方对我的欣赏,但明确且坚定地表达我对于表白的拒绝。
- 真诚地给出温和的拒绝理由,但可以不是真正的理由,特别当我只是不喜欢对方这个人时。
- "没有恋爱的打算"是个很好的理由。
- 对对方的穷追猛打表达出明确且前后一致的拒绝。

我一定不要这样做:

- 用嘲讽的态度拒绝他人的表白。
- 将拒绝他人的表白作为谈资。

6 完了，我会不会爱上了老师

——正确认知"师生恋"

▶ 场景再现

小佳是一名性格温和的女生，尤其擅长历史，是班级里的历史课代表。升入初二年级，班里换了新的历史老师，是位刚毕业不久的年轻男老师。他谈吐幽默、温文尔雅，平时上课总是穿着熨帖的衬衫，袖子挽到手肘。他不像别的历史老师，讲课的时候从不照本宣科，而是会用生动有趣的历史故事帮助同学们学习历史，大家都很崇拜他。作为历史课代表的小佳和老师的接触尤其多，经常会向老师询问一些问题。

这天夜里，小佳从梦中惊醒，她竟然梦到自己和历史老师手牵手走在校园的小路上！小佳吓出了一身冷汗：天啊！我怎么会梦到这么奇怪的场景，我该不会是爱上历史老师了吧……这太疯狂了！

▶ 科学认知

心理学家赫洛克曾提出"牛犊恋"（Calf Love）这一概念，将其界定为进入性萌发期的青少年对某一特定年长异性的倾心和爱慕。青春期的男生女生对于异性老师的爱慕就是"牛犊恋"的一种表现形式。

从青少年心理发展的角度来看，对爱情的关注和随之产生的朦胧的恋爱心理体验使得青少年对爱情产生渴望。这是对老师产生爱慕的内在诱因。由于身心发展以及在家庭和学校中的地位变化，青少年开始渴望离开家长的保护，探索自我同一性，但在错综复杂的现实面前又感到茫然而困惑，心理状态十分矛盾。这是对老师产生爱慕的心理基础。

再加上老师与学生朝夕相处、感情深厚，处于青春期的男生女生，有可能在潜意识中对某位老师产生一种混杂着信任、崇拜、依恋、爱慕的微妙情感，特别是既富有才华和人格魅力，又尊重和理解他们的独立意愿，满腔热忱地关爱学生，引导学生步入人生正轨的优秀老师。

所以，**对老师的爱慕是青少年性意识发展过程中可能出现的正常现象**，并不是异常或罕见的。

然而，师生恋也是危险的、禁忌的。

首先，师生恋一旦越界，老师将面临与性犯罪有关的刑事指控，而师生恋一旦曝光，很可能导致教师被处分、解聘，并遭到社会舆论的谴责。

其次，因为老师和学生在社会关系上是权力不对等的，所以师生恋很可能会导致其他学生得不到应有的公平对待，导致学生的教育权利受到侵害。

最后，师生恋绝大部分都是短暂的，而给身心发育尚未完善的青少年带来的伤害却是长久的。

因此，中学生面对这种情况，应该如何处理呢？

第一，要知道喜欢上老师是一种青春期的常见情感反应，并不是病态，也不可耻。但要提醒自己，这种感情可能更多是对老师的尊重、钦佩和依赖，而不是爱情。

第二，要明确地告诉自己，学生和老师之间的关系是专业的、有边界的，不要放纵自己对老师产生浪漫幻想。

第三，要努力提升自我，把更多的精力放在学习上，或投入兴趣爱好中，多参加社交活动，避免有大量空闲的时间让自己陷入对老师的遐想。

第四，寻求支持。要让自己有地方可以倾诉、谈心。必要时寻求学校辅导员或心理咨询师的帮助。

第五，保持适当的距离。尽量避免与老师单独相处，以减少不必要的情感纠葛。在课堂上也要专注于学习内容，不要过度关注老师的个人特质。

总之，师生恋是不提倡的，是危险的。所以当你感觉好像对某个老师产生了特别的好感时，一定要理性、谨慎，做好行为和情感管理。毕竟，社会新闻中的师生恋导致的悲剧，太多了。

▶ 常见误解

1. **对老师的敬仰和爱慕最终都只会带来恶果吗？不！** 有的人通过努力学习引起老师对自己的注意；有的人立志报考师范专业，跟老师一样终身从事教育事业；有的人把老师当作自己的精神导师，立志成为跟老师一样优秀的人……可见，并不是所有对老师的敬仰和爱慕都会带来坏的结果。只要把这种感情当作驱动力，转化为自己奋斗的力量，就能给师生双方都带来积极的收获。

2. **师生恋不被人发现不就行了？世上没有不透风的墙！** 在学校的环境中，师生恋不可能长期保持秘密，一旦被发现，会对双方造成严重的负面影响，包括法律、职业和社会层面的后果。所以，寄希望于师生恋悄悄进行，密不透风，是不可能的。

> **场景续写**

半夜惊醒的小佳再也没能入睡。第二天她顶着一对熊猫眼，没精打采地去了学校。进校门的时候，昏昏沉沉的小佳恰好撞上了班主任老师。

"小佳，你这是怎么了？是不是身体不舒服啊？"班主任老师关切地问道。

"谢谢老师，我没事。"小佳支支吾吾半晌，开口道，"老师，我能去您的办公室和您聊聊吗？"

午休时候，小佳去了班主任老师的办公室，把自己的困惑告诉了她。

"小佳不要怕，青春期的男生和女生对富有人格魅力的老师产生倾慕是非常常见的，不要给自己太大压力。其实你对历史老师的感情，更可能是崇拜和欣赏。但老师的职责是教育和引导学生，必须跟学生保持专业的关系。这是对你的保护也是对老师的保护。世界这么大，你还这么年轻，可以多把精力放在学习、兴趣爱好、社交、运动等方面，让自己的生活更加充实，眼界更加开阔，你也会更成熟，更快乐！当然，这不是一件容易的事。如果你觉得需要更多帮助，可以随时来找我，或者我带你去跟心理辅导老师谈谈，都是可以的。"

关于爱上老师这件事

我可以对自己说：

- "欣赏优秀的老师是很正常的事。不过和老师谈恋爱的想法并不实际，我还是把这种欣赏转化为进步的动力吧！"
- "人与人的交往都是有边界的。学生和老师的边界我要清楚，否则可能会伤害我，也会害了老师。"

我可以对爱上老师的同学说：

- "我理解你的感受，但学生是不能跟老师谈恋爱的，会害得老师被处罚甚至开除，而且，如果真到了那一步，对你也是巨大的伤害啊。所以，趁现在一切都还没开始，不如把这种感情变成好好学习的动力，让老师看到你的优秀，大家都会很开心的，不好吗？"

我可以这样做：

- 将欣赏的老师作为自己的榜样。
- 保持自我控制，将对老师的欣赏转化为努力的动力。

我一定不要这样做：

- 让自己的感情处于脱缰状态。
- 因为担心自己"爱上"老师，而抵触和老师交流。

7 和最好的朋友差点绝交

——对多元价值观的认知

▶ 场景再现

周末，小雨和小千约好一起去商场买衣服。小千看中了一条500元的裙子，希望两人各买一条，以后穿着"闺密装"一起出去玩。小千却觉得这条裙子太贵了，不愿意买。

"你怎么这么磨叽啊！不就是买条裙子吗，这裙子多好看啊。"小雨已经有些不高兴了。

"可是我们现在都还是学生，没有收入，零用钱也都是爸爸妈妈给我们的。我觉得这条裙子的价格对于我们来讲太高了，不应该买这么贵的裙子！"小千说。

"说实话，500块也还好吧，你至于上纲上线吗？"

"你家有钱，你了不起。行了吧？"

"好好好，你弱你有理。"

"你说谁弱？你再说一遍！"

两人僵持不下，谁也说服不了谁，最终不欢而散。

▶ 科学认知

本场景中，双方冲突的产生源于价值观的差异。

价值观是对客体事物价值所秉持的观点与信念，是人们内心深处的一套评价标准，反映了一个人眼中的是非曲直。每个人都有着独属于自己的价值观，包容和尊重有助于更好地了解彼此不同的价值观。包容并不等同于对他人或事物的冷漠或放纵。相反，包容是对人与人之间差异的接纳和认可。换句话说，这是对多样性的尊重。

当你感受到了与朋友之间的价值观差异时,要怎样避免矛盾的产生呢?首先,一定要尊重对方,不嘲笑、讥讽和打击对方,对于朋友表达的观点、做出的决定,只要是负责任的,不伤害他人的,都应该给予尊重,不计较、责备和诋毁对方。

如果冲突已经产生,可以这样处理:

第一,保持冷静。生气只会激化矛盾,所以要先控制好自己的情绪,认真倾听并试图理解对方的想法和产生冲突的原因。第二,与朋友谈论一下刚才发生的冲突,保证双方都有表达自己观点的机会,在谈论过程中,尽量心平气和,不要大喊大叫、指责对方,更不要打断对方的发言。第三,一起讨论解决冲突的办法,最终就解决冲突达成共识。

▶ 常见误解

1. 他不同意我的观点,是不是在否定我?不! 每个人的价值观都不可能完全相同。一件事发生时,彼此价值观一致能增加我们对这件事乃至这个人的肯定,但在双方价值观不一致时也要提醒自己,价值观的差异是很正常的,我们不能将自己的价值观强加给他人。对方发出和自己不一样的声音、表达不一样的看法、发表不一样的观点,不代表他在否定和攻击你,你也不要用自己的价值观去绑架或伤害别人。

2. 他的观点让我不舒服,我能不能让他改变价值观?很难! 任何人都没有强行让他人改变价值观的权利,实际上这也很难实现。试想一下,当你听到一种不同于自己的观点时,是否有必要去评价对方？同时，当一种观点让你不舒服的时候，是因为这个观点是真的不恰当，还是因为这个观点和你已有的认知、信念、态度存在差异？要知道，每个人都有权利秉持自己的价值观，重要的是接纳并尊重他人与你不同的价值观。没有人有权利强迫别人改变他们的价值观，因为每个人都是独一无二的。

▶ 场景续写

周末过后，小雨和小千的关系变得有些尴尬。她们的共同朋友小琳决定出面调解，邀请两人放学后去咖啡馆聊聊。

三人坐下后，小琳主动开口："我知道你们因为那条裙子的事闹得不愉快，但我觉得这是个误会，咱们一起聊聊吧。"

小雨和小千互相看了一眼，沉默了一会儿。小雨首先开口："我觉得好看的裙子很难遇到，这钱花得值得。"

小千也缓和了语气："那可是500块啊，够吃多少天的饭了？"

小琳点头说："这就是你们价值观不同。价值观就是，什么事是你觉得最重要的。比如一条难得的裙子重要，还是500块钱重要。选择了你觉得重要的东西，就要放弃不重要的东西。我们每个人都是这样做决定的。但是决定不是考试，没有标准答案。只要这个决定没有影响到别人，伤害别人，我们就应该学会尊重和包容，而不是强行说服对方去接受自己的观点。小雨花500块钱买裙子，是花她自己的钱，没有伤害到小千你。"

听完，小千诚恳地说："小雨，对不起，我说话太难听了。你怎么用你的钱，我不应该干涉。"小雨也红了眼圈，说："没事，我也有错，我说话也很难听，伤害了你。"

说完，三个人笑了起来。通过这次经历，小雨和小千明白了朋友间要尊重彼此的观点，包容不同的价值观，于是大家就又可以继续享受快乐的时光了。

关于无法说服彼此这件事

我可以对自己说：

- "我们长大了，观点不同很正常。我们需要的是心平气和的沟通，而不是贬低、打击对方，更不能没完没了地抬杠。"

我可以对朋友说：

- "价值观不同很正常，世界上没有哪两个人会在每一件事上都能保持一致的看法。大家只要注意边界，不要伤害别人就好。"

我可以对家长说：

- "爸爸妈妈，我长大了，是一个有独立思想的人了。对于这件事，我也有自己的看法，你们愿意听听看吗？我们先分享各自的观点，然后再看看有没有交集。"

我可以这样做：

- 保持冷静，控制好自己的情绪，认真倾听并试图理解对方的想法和产生冲突的原因。
- 讨论问题时，分清所讨论的是事实还是观点。对于事实，大家可以争论，而对于观点，应该彼此尊重、包容，不强求一致。
- 与朋友发生冲突时，要确保双方都有充分表达自己观点的机会。

我一定不要这样做：

- 大喊大叫、指责对方，打断对方的发言。
- 以赢得争吵为最终的目的。
- 希望强行扭转他人的价值观。
- 将价值观的差异看作别人对我的全盘否定。

8 男女平等到底要怎么平等

——对性别平等的理解

▶ 场景再现

"要发新书了。咱们书比较多,需要请五位同学一起去教务处搬一下。哪位同学愿意去?"老师话音刚落,小柔就高高举起了自己的手臂:"老师,我想去!"

"哈哈,你去干什么,你一个女生能搬几本啊,搬书还是得男生去!"同桌小刚笑话她。

"哼!"小柔不高兴地扭过头,"我也想为班级做一些贡献,力气小也可以搬书啊,我多跑几趟不就行了!"

▶ 科学认知

简单来讲,性别平等就是在承认生理性别差异的前提下,为不同性别的个体提供平等的机会,让每个人都能够选择自己想要的生活。

从生理层面来讲,人的性别是由染色体决定的,是与生俱来的生物属性,大部分情况下是不可更改的。不同性别的人在生殖器官、染色体、性激素分泌等方面都存在区别,发育过程、身体素质也各有不同。例如,女性能够产生卵细胞,男性能够产生精子;女性能够生孩子,男性会长胡子等。对于任何一个人来讲,生理性别带来的差异都是客观存在的。

性别平等是指不同性别的个体有平等的权利、责任和机会。平等不意味着绝对相同,生理性别带来的差异应当被正视,但每个人的权利、责任和机会不该被生理性别左右。不论男生还是女生,都应当关注并支持性别平等。

▶ 常见误解

1. 女生脸皮薄，所以犯错了不能批评？不！这种看法并不恰当。不论男生还是女生，做错了事都应当承担相应的责任，并不能因为性别而区别对待。如果女生犯了错不能批评，会加剧班级中不同性别间的矛盾，也不利于青少年的责任感和性别平等意识的形成。

2. 既然提倡性别平等，那么女生经期也必须一起跑操？不！女生在经期如果感觉到明显的不适，是有权利申请休息，不参加剧烈运动的。这是不同性别间客观存在的生理差异。提倡性别平等不意味着要完全忽视生理差异，而是要在认可生理差异存在的前提下赋予每个人公平的选择权利。

3. 性别平等就是做家务的时候，爸爸洗了两个碗，妈妈也要洗两个？不！性别平等强调的是机会平等，而不是结果平等。就拿做家务来说，并不是女性洗两个碗，男性也需要洗两个碗，而是对于家庭工作的承担义务是平等的，男性和女性都需要承担家庭劳动。另外，这种机会平等不是刻意地规定一半的女性需要做家庭主妇，一半的女性需要追求自己的事业，而是尊重每个个体自己的兴趣和选择。

▶ 场景续写

听了小柔的话，小刚有些不好意思，觉得自己刚刚好像说错话了。他也举起了手："老师，我也一起去搬书！"

"好的,同学们都非常棒,都愿意为大家服务。那这样,小柔、小刚、小茗、小童、小虎,请你们五位同学去搬书吧!"

被点到名字的五个人开心地去教务处领书了。回教室的路上,小刚提着两摞课本,凑到双手抱着一摞练习册的小柔身边说:"小柔,对不起,刚才我不应该那么说。现在我明白了,我们都可以选择适合自己的方式为班级做贡献。你看咱们几个人,力气大的就多提一些,力气小的就少抱一些,完美完成任务!"

听了小刚的话,小柔也开心地笑了起来。

关于男女平等这件事

我可以对自己说:

- "性别平等不代表没有差异,做自己想做的事,力所能及的事就好。"

我可以对同学说:

- "对不起,我不应该因为性别差异就觉得你没有能力做这项工作,我向你道歉。"
- "我认为我的能力能够胜任这项工作,可以请你给我一个机会吗?"

我可以这样做：

- 平等看待不同性别，也不否认生理性别带来的差异。
- 做自己力所能及的事。
- 遇到自己想做的事，努力为自己争取机会。
- 敢于指出生活中的性别不平等现象。

我一定不要这样做：

- 因为性别而去臆测一个人的能力。
- 武断地认为性别平等就是所有人都要做一样的事，不论适合与否。